Enid Blyton™

Malory School

La rentrée

Ce livre a déjà paru en 1971 et 1993 sous le titre « Les filles de Malory School ».
Le texte de la présente traduction a été revu par l'éditeur.

Illustrations : Aurélie Neyret.

Hachette Livre, 43, Quai de Grenelle, 75015 Paris.

Enid Blyton™

Malory School

La rentrée

Illustrations
Aurélie Neyret

hachette
JEUNESSE

Dolly Rivers

Franche, intelligente, décidée, Dolly a toutes les qualités. Enfin, presque : ses accès de colère peuvent la rendre méconnaissable...

Géraldine Johns

C'est une meneuse, une fille espiègle et parfois effrontée. À Malory, certaines l'admirent, d'autres la craignent. Surtout parce que c'est la spécialiste du canular !

Edith Hope

D’un naturel solitaire et mystérieux, elle sait aussi se montrer sociable et même expansive ! C’est la meilleure amie de Dolly.

Brigitte Lacey

Une enfant gâtée qui multiplie les caprices et, pire que tout, n’hésite jamais à critiquer les autres.

Mary Lou

La plus jeune de la bande. Elle est douce, discrète, serviable… parfois trop ! À tout le temps vouloir aider, elle peut finir par agacer ses amies.

Miss Potts

Le professeur principal. Elle sait être ferme quand il le faut, et compréhensive aussi. Toutes les élèves la respectent… sauf Géraldine qui l'a surnommée « Potty » !

Mme Grayling

C'est la directrice de Malory School, et elle tient à la réputation de son établissement. Son but : former les élèves pour les rendre intelligentes et indépendantes.

Chapitre 1

Le départ

Dolly Rivers se regarde avec satisfaction dans le miroir de sa chambre. Non qu'elle soit vaniteuse, mais il est si joli, l'uniforme de Malory School qu'elle revêt pour la première fois ! Un costume tailleur marron, un béret de la même couleur avec un insigne jaune, un chemisier jaune paille et une ceinture de cuir.

Sa mère entre dans la chambre et se met à rire.

— Coquette ! s'écrie-t-elle. Ton uniforme me plaît beaucoup, à moi aussi. Malory School a fait preuve d'originalité, car les autres pensionnats choisissent plutôt le bleu marine ou le gris foncé. Viens vite, Dolly ! Il ne faudrait pas manquer le train !

La fillette a la gorge un peu serrée. Elle entre en pension pour la première fois. Elle vient d'avoir douze ans, l'âge requis pour être admise à Malory School. L'idée de quitter son ancienne école et ses camarades l'attriste et elle se demande quelle sera sa nouvelle vie.

Sa grande valise est prête à être enregistrée. Une étiquette porte son nom : « Dolly Rivers », et le lieu de sa destination : Malory School. Dolly se chargera de sa raquette de tennis et d'une mallette où sa mère a mis l'essentiel pour la première nuit.

— Tu ne déferas pas ta valise dès ton arrivée, fait remarquer Mme Rivers. Chaque élève doit emporter une mallette avec sa chemise de nuit et quelques objets de toilette. Voici trois billets d'une livre. Fais-les durer tout le trimestre. Les élèves n'ont pas le droit d'avoir plus d'une livre d'argent de poche par mois.

— C'est bien assez ! réplique Dolly en mettant les billets dans son porte-monnaie. Je n'aurai pas grand-chose à acheter là-bas. Le taxi attend, maman ! Partons !

Elle a déjà dit au revoir à son père qui est parti le matin pour la clinique où il est chirurgien. Il l'a serrée très fort dans ses bras en disant : « Au revoir, Dolly ! Nous avons choisi pour toi un excellent pensionnat, tâche de lui faire honneur. Nous voulons être fiers de notre fille ! »

Une fois installée dans la voiture, Dolly se penche à la portière pour jeter un dernier coup d'œil à sa maison.

— Au revoir, Zorra ! lance-t-elle à la grosse chatte noire qui se prélasse sur le perron. Tu me manqueras, mais je m'habituerai bientôt, n'est-ce pas, maman ?

— Bien sûr. Je suis certaine que tu seras très heureuse !

Mme Rivers accompagne Dolly à Londres. La fillette prendra alors le train pour la Cornouailles où se trouve Malory School.

— Un train a été spécialement affrété pour vous, explique Mme Rivers. Regarde, voici un écriteau : Malory School, quai 7. Viens, un professeur vous attend. Quand tu auras fait sa connaissance, je m'en irai.

Le train réservé à Malory School est en gare. On a accroché des pancartes aux voitures : « Tour du Nord », « Tour du Sud » ; et plus loin « Tour de l'Ouest » et « Tour de l'Est ».

— Tu es dans la tour du Nord, déclare Mme Rivers. Malory est un vieux manoir flanqué de quatre tours. Ta division loge dans celle du Nord. Cherchons Miss Potts, le professeur qui t'attend.

Des filles de toutes les tailles, vêtues de costumes marron et de bérets à insigne jaune, ont envahi le quai. Elles s'abordent, rient et bavardent. Dolly se sent brusquement intimidée.

«Je n'arriverai jamais à les connaître, pense-t-elle. Certaines sont très grandes. On ne dirait pas des pensionnaires. Je n'oserais même pas leur adresser la parole ! »

Des exclamations retentissent autour d'elle.

— Ohé Lucy ! Ohé, Mary ! Tiens, voilà Nelly ! Vite, Nelly, viens ici ! Hilda, pourquoi ne m'as-tu pas écrit pendant les vacances ? Jane, monte dans notre compartiment !

C'est un brouhaha de voix jeunes et gaies. Dolly cherche sa mère des yeux. Elle parle avec une femme grande et mince qui doit être Miss Potts, le professeur. Des yeux gris et vifs, des cheveux châtains, une expression résolue. Elle semble sympathique à Dolly, mais un peu redoutable.

Miss Potts s'approche en souriant de la fillette.

— Bonjour, Dolly Rivers. Vous venez dans ma voiture, celle-là là-bas. Les nouvelles montent toujours avec moi.

— Il y a d'autres nouvelles dans ma division ? demande Dolly.

— Oui, deux. Elles ne sont pas encore arrivées. Madame Rivers, voici une élève de la division de Dolly, Géraldine Johns. Elle s'occupera de votre fille.

— Bonjour ! s'écrie Géraldine, et deux yeux brillants se posent sur Dolly. Je suis dans ta section. Tu veux une place près de la fenêtre ? Dans ce cas, dépêche-toi !

— Je vais te dire au revoir, ma chérie, déclare Mme Rivers en embrassant Dolly. Écris-moi demain. Je te répondrai tout de suite. Sois sage et travaille bien.

— Oui, maman, promet Dolly.

Elle suit des yeux sa mère qui s'éloigne le long du quai. Mais elle n'a pas le temps d'avoir du chagrin car Géraldine la prend en charge, la pousse dans la voiture de Miss Potts et la fait asseoir dans un coin.

— Pose ta mallette dans le filet en face de la mienne ! ordonne Géraldine. Puis nous nous mettrons à la portière pour voir ce qui se passe. Regarde là-bas une mère qui dit au revoir à sa fille adorée !

Dolly se tourne du côté que lui indique Géraldine. Elle aperçoit une fille à peu près de son âge, vêtue du même uniforme, mais avec des cheveux longs flottant sur ses épaules. Cramponnée à sa mère, elle pleure à chaudes larmes.

— Si sa mère avait un peu de bon sens, elle lui fourrerait un sac de bonbons dans la main et s'en irait ! fait remarquer Géraldine. Se donner ainsi en spectacle, quelle honte !

Mais la mère est aussi ridicule que la fille. Des larmes ruissellent sur ses joues. Miss Potts s'avance.

— Ah ! Voilà Potty ! chuchote Géraldine.

Dolly est un peu choquée. Potty ! Quel nom à donner à un professeur !

— Je me charge de Brigitte, annonce Miss Potts à la mère inconsolable. Il est temps qu'elle monte dans son compartiment. Elle sera bientôt acclimatée, madame Lacey.

Brigitte s'arrache à l'étreinte maternelle, mais Mme Lacey la retient. Géraldine pousse une exclamation d'impatience.

— Je comprends pourquoi Brigitte est si stupide ! C'est la faute de sa mère. Je suis bien contente que ma mère à moi soit raisonnable. La tienne a l'air très bien aussi, gaie et gentille !

Dolly est sensible à ce compliment. Miss Potts prend possession de Brigitte et la pousse vers le train.

— Géraldine, occupez-vous d'elle ! ordonne le professeur.

Géraldine tend la main pour aider Brigitte à monter. Mme Lacey s'approche de la portière.

— Installe-toi, ma chérie ! Dans le sens de la marche. Si tu as mal au cœur, suce des pastilles de menthe !

Une autre fille s'avance vers le train, petite, plutôt laide que jolie.

— Est-ce la voiture de Miss Potts ? questionne-t-elle.

— Oui, répond Géraldine. Tu es nouvelle ?

— Oui. Je m'appelle Edith Hope.

— Où est ta mère ? Il faut qu'elle te présente à Miss Potts.

— Maman était occupée, elle n'a pas pu m'accompagner. Je suis venue seule.

— Eh bien, s'écrie Géraldine, toutes les mères ne se ressemblent pas ! Certaines sourient en disant au revoir, d'autres pleurnichent et d'autres encore ne viennent pas du tout !

— Géraldine, ne parlez pas tant ! lance Miss Potts qui se prépare à monter à son tour.

Mme Lacey foudroie Géraldine du regard. Par bonheur, le chef de quai donne un coup de sifflet pour annoncer le départ.

Miss Potts grimpe avec deux ou trois autres élèves. La portière claque. Le train s'ébranle. Mme Lacey se met à courir sur le quai.

— Maman ! hurle Brigitte. Je n'ai pas dit au revoir à maman !

— Qu'est-ce qu'il te faut? demande Géraldine. Tu le lui as dit au moins vingt fois !

Miss Potts regarde Brigitte. Elle l'a déjà jugée et voit en elle une enfant unique, gâtée, égoïste, qui donnera du fil à retordre. Ses yeux se posent ensuite sur la petite Edith Hope. Drôle de fille, avec sa natte et son visage inexpressif ! Sa mère ne l'a pas accompagnée. Edith en a-t-elle du chagrin ? Impossible de le deviner. Dolly Rivers au contraire a un visage franc et ouvert. Elle ne dissimule jamais ses pensées, mais n'est pas tranchante comme Géraldine.

« Une enfant à qui on peut faire confiance, pense Miss Potts. Espiègle à ses heures, sans doute. Elle paraît intelligente. Il nous en faudrait beaucoup comme elle à la tour du Nord ! »

Les élèves bavardent gaiement entre elles.

— Comment est Malory School ? interroge Dolly. J'ai vu une photographie, mais je ne me rends pas bien compte. C'est grand ?

— Immense, avec un beau parc, et une vue… ! répond Géraldine. De la tour du Nord, nous avons un magnifique panorama !

— Chaque tour a-t-elle ses classes ?

Géraldine secoue la tête.

— Non. Les élèves de toutes les tours ont des classes communes. Clara est notre chef de classe. La voilà là-bas !

Clara, grande, brune et mince, l'air doux et calme, est en grande conversation avec Miss Potts qui lui communique le programme des études.

Géraldine, une autre élève nommée Tessie, Edith et Dolly bavardent ensemble. Brigitte reste muette. Personne ne fait attention à elle et cette indifférence la blesse profondément.

Elle soupire en examinant ses compagnes du coin de l'œil. Géraldine s'en aperçoit.

— Elle joue la comédie ! chuchote-t-elle à Dolly. Quand on a vraiment du chagrin, on ne l'affiche pas !

— Courage, Brigitte ! dit Miss Potts d'une voix gaie, et elle reprend aussitôt sa conversation avec Clara.

— J'ai mal au cœur ! annonce enfin Brigitte, bien décidée à se mettre sous les feux de la rampe.

— Tu n'en as pas l'air ! réplique Géraldine.

Brigitte voudrait bien être réellement malade. Elle se renverse sur son siège et murmure d'une voix faible :

— J'ai mal au cœur !

— Suce les pastilles de menthe que ta maman a mises dans ta mallette, conseille Géraldine. Et si tu en as trop pour toi, tu pourras toujours nous donner le reste !

Personne ne peut s'empêcher de rire. Bien entendu, Brigitte ne participe pas à la gaieté générale et devient plus morose encore. Cette horrible fille ! Qu'elle est antipathique ! Mais craignant de nouvelles moqueries, l'enfant gâtée reste tranquille dans son coin et ne dit plus un mot.

Dolly, elle, regarde Géraldine et souhaite l'avoir pour amie. Avec elle, on ne doit jamais s'ennuyer !

Chapitre 2

L'arrivée à Malory School

Le voyage est long, mais le train comprend une voiture-restaurant. À tour de rôle, les élèves vont y prendre leur déjeuner. Pour le goûter, toutes se sont munies de gâteaux et de chocolat. D'abord elles bavardent gaiement, puis la fatigue se fait sentir et le silence succède aux rires. Quelques-unes s'endorment, bercées par le bruit monotone des roues.

Quelle joie d'arriver enfin à la gare qui dessert Malory School ! L'école se trouve à quelques kilomètres de là. De grands cars attendent les élèves pour les y conduire.

— Viens ! s'écrie Géraldine en prenant le bras de Dolly. Si nous nous dépêchons, nous pourrons être devant, près du chauffeur. Vite ! Prends ta mallette et ta raquette !

— Tu es gentille ! réplique Dolly en se hâtant de rassembler ses affaires.

Elles s'installent sur les sièges de devant. Les autres les suivent et, bientôt, les cars au complet démarrent.

— Pouvons-nous voir Malory d'ici ? demande Dolly avec curiosité.

— Non, pas encore. Je t'avertirai quand ce sera possible. Tout à l'heure, après un virage, nous l'apercevrons.

— Oui, le manoir fait très bel effet dans le lointain, ajoute Clara, le chef de classe de la tour du Nord qui est juste derrière Géraldine et Dolly. À l'heure où nous arrivons, il est éclairé par le soleil couchant, c'est un spectacle ravissant. Tu as de la chance, Dolly. D'abord tu viens après Pâques, c'est la meilleure saison. Et puis tu commences tes études. Moi, je finis. Dans quelques mois, je quitterai Malory. Profite bien de ton séjour !

— Oh, oui ! promet Dolly, les yeux fixés devant elle, impatiente d'apercevoir le collège où elle passera cinq ou six ans.

La route décrit une courbe. Géraldine pousse une exclamation.

— Regarde, là-bas, sur cette colline ! La mer est derrière, tu ne peux pas la voir.

Dolly voit un grand édifice carré en pierres grises qui s'élève sur une colline. Il est dominé à chacune de ses extrémités par quatre tours.

Les fenêtres étincellent sous les rayons du soleil couchant. La vigne vierge qui recouvre les murs monte presque jusqu'aux toits ; on dirait un château du Moyen Âge.

« Mon école ! pense Dolly avec un élan de joie. Qu'elle est belle ! J'ai de la chance ! J'y serai heureuse ! »

— Est-ce que cela te plaît? questionne Géraldine.

— Oui, beaucoup ! Mais je ne saurai jamais me diriger dans cette immense maison, elle est si grande.

— Je te montrerai. Bientôt tu y seras chez toi.

Le car décrit un autre virage et Malory disparaît.

Un peu plus loin, on peut revoir l'école et, bientôt, les cars s'arrêtent devant les grandes grilles dorées.

— On dirait l'entrée d'un château ! fait remarquer Dolly.

— C'est vrai ! s'écrie Brigitte, à la surprise générale. Un château de conte de fées, et c'est moi qui en serais la princesse !

Elle rejette ses longs cheveux dorés sur ses épaules.

— Va raconter cela à Potty, conseille Géraldine d'un ton de mépris. Tu seras bien reçue !

Dolly descend du car et se perd immédiatement au milieu d'une foule d'élèves. Sa mallette à la main, sa raquette sous le bras, elle se sent prise de panique. Géraldine a disparu.

Que faire ! Où aller ? Doit-elle monter tout droit à la tour du Nord ? Les autres, semble-t-il, savent où diriger leurs pas, toutes, sauf la pauvre Dolly !

Enfin elle aperçoit Miss Potts et pousse un soupir de soulagement. Elle s'élance vers le professeur qui devine son désarroi.

— Vous ne savez que faire ? Où est cette coquine de Géraldine ? Je l'avais chargée de s'occuper de vous. Toutes les élèves de la tour du Nord doivent monter pour défaire leurs mallettes. L'infirmière vous attend là-haut.

Dolly n'a aucune idée de la direction qu'il faut prendre pour arriver à la tour du Nord. Elle reste donc près de Miss Potts et attend. Géraldine revient bientôt, accompagnée de plusieurs autres filles.

— Te voilà ! dit-elle à Dolly. Je t'avais perdue. Je cherchais nos camarades de division. Je ne te dis pas leurs noms tout de suite, tu ne les retiendrais jamais. Quelques-unes sont dans la tour du Nord, la plupart logent dans les autres tours. Viens, montons, allons voir Mme Walter, l'infirmière. Où est notre chère petite Brigitte ?

— Géraldine, intervient Miss Potts d'une voix sévère, mais avec une lueur amusée dans les yeux, laissez à Brigitte le temps de s'habituer !

— Et Edith Hope, où est-elle ? demande Géraldine. Viens, Edith. Ne vous inquiétez pas, Miss Potts, je vais les accompagner à la tour du Nord et leur servir de mère !

Edith, Brigitte et Dolly suivent Géraldine. Elles arrivent dans un grand hall qui a des portes sur plusieurs côtés et un grand escalier.

— Le parloir, la salle de gymnastique, le laboratoire, les salles de dessin et de couture sont tous de ce côté, explique Géraldine. Venez, nous allons monter dans notre tour.

Dolly la suit et constate que les bâtiments de Malory encadrent une grande cour rectangulaire.

— C'est grandiose ! s'écrie Dolly. Qu'est-ce que cela, au milieu ?

Elle montre une pelouse verte entourée de bancs de pierre. On dirait un cirque en plein air.

— C'est là que nous jouons des pièces l'été, répond Géraldine. Les actrices sont sur la pelouse et les spectatrices s'assoient sur ces bancs. L'année dernière, nous avons représenté une pièce de Shakespeare. Nous avons eu beaucoup de succès.

Aux quatre coins de la cour, des massifs de fleurs égaient cet ensemble un peu austère.

— Plus tard, tu visiteras les jardins et les terrains de sport. L'hiver, nous aimons beaucoup la cour parce qu'elle est abritée du vent. Dès janvier, on peut y cueillir des perce-neige, des aconits, des primevères. Vous voyez, là-bas, les tulipes commencent à fleurir et nous ne sommes qu'en avril !

La tour du Nord est exactement pareille aux trois autres et, comme elles, haute de quatre étages. Géraldine s'arrête avant d'entrer.

— Au rez-de-chaussée se trouvent notre réfectoire, nos salles de récréation et les cuisines. Au second étage, les dortoirs où nous couchons. Au troisième, d'autres dortoirs. À l'étage supérieur, les chambres du personnel et les cabinets de débarras pour nos valises.

— Chaque tour est disposée de la même façon, je suppose, fait remarquer Dolly, la tête levée. Je voudrais coucher tout en haut de la tour. Quelle belle vue on doit y avoir !

Des filles entrent et sortent par la porte ouverte.

— Dépêche-toi ! lancent-elles à Géraldine. La cloche du dîner sonnera dans cinq ou six minutes. Il y aura quelque chose de bon, à en juger d'après l'odeur.

— Le dîner est toujours très bon le jour de notre arrivée, confie Géraldine. Après, c'est plus simple. Du chocolat, des tartines, du fromage, quelquefois des brioches. Mais nous avons un goûter très copieux. Viens, allons voir l'infirmière.

Chacune des tours a son infirmière, responsable du bien-être et de la santé des élèves. Celle de la tour du Nord, Mme Walter, est une femme rondelette, vêtue d'une blouse blanche. Géraldine lui présente les nouvelles.

— Trois élèves de plus pour vous, madame Walter. Vous leur donnerez des tisanes très amères et vous les gronderez pour leur désordre, déclare-t-elle en riant.

Dolly regarde l'infirmière qui consulte une longue liste. Ses cheveux sont coiffés avec soin. Sa tenue est si impeccable que Dolly se demande si elle trouvera grâce à ses yeux. Un peu effrayée, elle espère que Mme Walter ne lui fera pas prendre trop souvent ces potions amères dont parle Géraldine.

— Voyons, vous êtes Dolly Rivers? questionne Mme Walter en faisant une croix devant un nom sur sa liste. Donnez-moi vos certificats de vaccination. Et vous, vous êtes Edith Hope?

— Non, je suis Brigitte Mary Lacey.

— Et n'oubliez pas Mary! s'écrie Géraldine. Brigitte Mary, notre petite chérie!

— Cela suffit, Géraldine! interrompt l'infirmière. Vous êtes aussi espiègle que l'était votre mère! Non, pire encore, je crois!

Géraldine se met à rire.

— Maman a fait toutes ses études à Malory, explique-t-elle aux autres. Elle était aussi à la tour du Nord et Mme Walter s'est occupée d'elle pendant des années. Elle vous envoie toutes ses amitiés, madame Walter. Elle m'a chargée de vous dire qu'elle aimerait bien vous confier mes frères. Elle est sûre que vous en viendriez à bout et vous seriez bien la seule!

— S'ils vous ressemblent, je me réjouis que Malory n'accepte pas de garçons! riposte l'infirmière. Un membre de la famille Johns à la fois, cela suffit! Votre mère m'a donné des cheveux blancs et vous en ajoutez tous les jours!

Elle sourit de nouveau. Elle a un visage ayonnant de bonté et dorlote les enfants malades. Mais malheur aux paresseuses ou aux insouciantes! Le sourire de Mme Walter s'efface et une lueur sévère brille alors dans ses yeux.

Une cloche sonne.

— Le dîner! déclare l'infirmière. Vous déferez vos mallettes après le repas. Votre train a eu du retard et vous êtes fatiguées. Ce soir, toutes les élèves de première division se coucheront en sortant de table!

— Oh! Madame Walter! supplie Géraldine. Accordez-nous au moins cinq minutes…

— J'ai dit : en sortant de table ! Filez vous laver les mains et descendez!

Cinq minutes plus tard, Géraldine et les autres savourent un excellent dîner. Dolly jette un regard autour des tables. Elle est sûre qu'elle ne connaîtra jamais toutes les élèves de sa tour. Et elle est certaine qu'elle n'osera jamais participer à leurs rires et à leurs bavardages.

Mais elle se trompe…

Chapitre 3

Le premier jour de collège

Après le dîner, obéissant aux ordres de Mme Walter, toutes les élèves de première division montent dans leur dortoir. Dolly est charmée. La pièce est longue et a plusieurs fenêtres qui donnent sur la mer. Le bruit lointain des vagues sur la plage arrive jusqu'à elle et des mouettes volent au-dessus de l'eau verte.

— Dépêche-toi, Dolly ! conseille Géraldine. Mme Walter va venir.

Dolly cesse de contempler la mer pour reprendre son examen de la chambre. Elle voit dix lits séparés par des rideaux blancs qui peuvent à volonté être relevés ou baissés.

Chaque élève a un lit blanc avec un édredon bleu, rose, jaune ou vert, ce qui donne un ensemble très gai, et dispose d'un placard pour suspendre ses robes ainsi que d'une commode surmontée d'une glace. Des lavabos s'alignent aux deux extrémités de la pièce.

Les enfants se dépêchent de défaire leurs mallettes. Dolly ouvre la sienne. Elle en sort sa chemise de nuit, prend sa brosse à dents et son tube de dentifrice. Une serviette propre l'attend, accrochée à sa commode.

« C'est amusant d'être dans un dortoir ! pense Dolly. J'espère que nous pourrons bavarder un peu avant de dormir et peut-être jouer ! »

L'endroit est prévu pour dix élèves de première division. Géraldine est là, ainsi que Dolly, Edith et Brigitte. Les six autres regardent les trois nouvelles tandis qu'elles vont et viennent, font leur toilette et se brossent les dents. L'une d'elles consulte sa montre.

— Vite, au lit ! ordonne-t-elle.

C'est une grande brune qui a un air d'autorité. Toutes obéissent – sauf Brigitte qui continue à se brosser les cheveux, en comptant les coups de brosse.

— Cinquante-quatre, cinquante-cinq... cinquante-six !

— Hé, là-bas, la nouvelle ! Quel est ton nom ? Couche-toi ! crie de nouveau la grande brune.

— Il faut que je me donne cent coups de brosse tous les soirs ! proteste Brigitte. Maintenant j'ai oublié où j'en suis !

— Tais-toi et couche-toi, Brigitte Mary ! conseille Géraldine qui est à côté d'elle. Catherine est la monitrice de notre dortoir, il faut obéir à ses ordres !

— Mais j'ai promis à maman… commence Brigitte en larmes. J'ai promis à maman de me donner cent coups de brosse tous les soirs !

— Tu complèteras demain matin, déclare la monitrice. Couche-toi !

— Laisse-moi finir ! supplie Brigitte en recommençant frénétiquement à se brosser. Cinquante-sept, cinquante…

— Faut-il que je la traîne par les cheveux, Catherine ? demande Géraldine en se redressant.

Brigitte pousse un cri et saute dans son lit. Les autres éclatent de rire. Elles savent toutes que Géraldine n'a aucunement l'intention d'exécuter sa menace.

Brigitte s'allonge, irritée. Elle décide d'être malheureuse et de pleurer. Elle pense à sa mère, à sa maison lointaine, et se met à renifler.

— Mouche-toi, Brigitte ! proteste Géraldine d'une voix ensommeillée.

— Ne parlez plus ! ordonne Catherine.

Le silence règne dans le dortoir. Edith Hope pousse un petit soupir. Dolly se demande si elle dort. Les rideaux entre son lit et celui d'Edith sont tirés. Non, Edith ne dort pas. Elle a les yeux grands ouverts, sans larmes, mais son visage exprime une tristesse infinie.

« Elle regrette sa maison », songe Dolly.

Son cœur se serre à la pensée de ses parents. Mais elle est trop raisonnable pour se lamenter. Après tout, elle a voulu venir à Malory. Elle se promet d'y être très heureuse, de bien travailler et de bien s'amuser.

Mme Walter arrive. Elle fait le tour de la longue salle, redresse un édredon, ferme un robinet et tire les rideaux, car il fait encore jour dehors.

— Bonsoir, dit-elle à voix basse. Ne parlez plus.

— Bonsoir, madame Walter, murmurent les filles qui ne dorment pas encore.

Dolly se soulève un peu pour voir si Mme Walter sourit. L'infirmière surprend son regard et fait un signe de tête.

— Bonne nuit, répète-t-elle, et elle sort sur la pointe des pieds.

Brigitte est la seule à lutter contre le sommeil. Que lui a dit sa mère ?

« Tu seras triste les premières nuits, je le sais, chérie. Sois courageuse ! »

Brigitte est donc bien décidée à jouer son rôle de martyre. Mais ses yeux se ferment malgré elle. Bientôt, elle dort profondément. Elle rêve qu'elle est la première de la classe et que les autres la proclament leur reine.

Une cloche réveille les dormeuses le lendemain matin. D'abord Dolly se demande où elle est. Puis elle reconnaît la voix de Géraldine.

— Lève-toi, paresseuse ! Il faut que tu fasses ton lit avant le petit déjeuner !

Dolly saute du lit. Le soleil entre à flots dans le dortoir, car Catherine a ouvert les rideaux. Des bavardages commencent. Les lavabos sont pris d'assaut. Dolly s'habille rapidement et trouve seyante la robe marron à col jaune qui est l'uniforme de tous les jours. Ses cheveux courts bouclent naturellement. Brigitte laisse les siens flotter sur ses épaules.

— Tu ne peux pas descendre comme cela ! fait remarquer Géraldine. Ce n'est pas permis !

— C'est ma façon de me coiffer ! réplique Brigitte avec obstination.

— C'est affreux !

— Non ! Tu es jalouse parce que mes cheveux sont plus beaux que les tiens !

Catherine s'approche.

— Laisse-la, conseille-t-elle à Géraldine. Nous verrons ce que dira Potty en voyant ces flots d'or… Tu es prête, Dolly ? Voici la cloche du déjeuner. Finis de faire ton lit. C'est bien. Brigitte, plie ta chemise de nuit. Prends exemple sur Edith. Elle fait tout à temps, personne n'a rien à lui dire !

Edith a un pâle sourire. Elle parle rarement. Elle n'a pas l'air d'être timide, mais elle est si calme que Dolly a de la peine à croire qu'elle est nouvelle. Elle semble toujours savoir ce qu'il faut faire.

Elles descendent au réfectoire. Les longues tables sont prêtes et les filles s'asseyent, après avoir salué leurs professeurs et leur infirmière. Géraldine indique à Dolly la voisine de Mme Walter.

— C'est Mam'zelle Dupont, chuchote Géraldine. Nous avons deux professeurs de français à Malory. Mam'zelle Dupont, grosse et gaie, et Mam'zelle Rougier, maigre et triste. C'est la première que nous aurons ce trimestre. Elle peut se mettre dans des colères terribles. J'espère que tu es bonne en français ?

— Pas trop.

— Mam'zelle Dupont et Mam'zelle Rougier s'entendent comme chien et chat. Elles se disputent, elles se battraient si on ne les séparait pas.

Dolly ouvre de grands yeux. Catherine, de l'autre côté de la table, éclate de rire.

— Ne crois pas ce que raconte Géraldine, conseille-t-elle. Elle parle à tort et à travers. Personne n'a jamais vu nos deux Mam'zelles prêtes à sauter l'une sur l'autre.

— Elles le feront un jour et j'espère que je serai là, conclut Géraldine.

Mam'zelle Dupont est petite et toute ronde. Ses cheveux forment un chignon sur le dessus de sa tête. Ses yeux noirs brillent d'un vif éclat. Elle porte une robe noire d'une élégante simplicité et des souliers noirs chaussent ses petits pieds.

Myope comme une taupe, elle refuse de mettre des lunettes. Elle a, à la place, un lorgnon qui se balance au bout d'un ruban noir. Quand elle veut voir un objet de près, elle le rapproche de ses yeux.

Géraldine, qui a le don de l'imitation, fait rire toute la classe en singeant la pauvre Mam'zelle. Mais elle la craint et ne cherche jamais à attirer ses foudres.

— Les nouvelles iront voir la directrice après le déjeuner, annonce Miss Potts. Elles sont trois dans la première division, deux dans la deuxième et une dans la quatrième. Clara, vous les accompagnerez, voulez-vous ?

Clara, le chef de classe de la tour du Nord, se lève et conduit les nouvelles dans le bâtiment qui contient le bureau de la directrice et l'infirmerie.

Elles arrivent devant une porte peinte en blanc. Clara frappe. Une voix harmonieuse répond :

— Entrez !

Clara ouvre la porte.

— Je vous ai amené les nouvelles, madame Grayling.

— Merci, Clara, reprend la voix harmonieuse, et Dolly voit une femme à cheveux gris, assise devant une table à écrire.

Elle a un visage calme, sans une ride, des yeux d'un bleu très clair et une bouche au dessin ferme. Dolly, intimidée, espère que jamais la directrice ne l'appellera pour la gronder.

Les nouvelles s'alignent devant la table et Mme Grayling les examine. Dolly se sent rougir, sans savoir pourquoi. Ses genoux se dérobent sous elle. Si la directrice lui pose des questions, elle n'est pas sûre de pouvoir lui répondre.

Mme Grayling leur demande leurs noms et elle adresse quelques paroles à chacune. Puis elle adopte un ton solennel.

— Un jour, vous quitterez l'école pour vivre votre vie. Cette nouvelle vie, il faudra l'aborder avec la ferme intention de vous rendre utiles et d'accepter des responsabilités. À Malory, nous allons essayer de vous former afin de vous rendre capables de mener à bien toutes sortes de tâches. Quand vous obtenez des succès scolaires et réussissez aux examens, nous nous réjouissons. Mais ce n'est pas suffisant, et je serais désolée si vous ne deveniez que des petites natures. Vos professeurs et moi, nous voulons faire de vous de futures femmes épanouies.

Ces paroles sont prononcées d'un ton si grave et si convaincu que Dolly peut à peine respirer. Elle se promet d'être l'une des élèves modèles de Malory.

— Ce n'est pas sans effort que vous arriverez à réaliser cet idéal, continue la directrice. Il vous faudra beaucoup de volonté et de persévérance.

Il y a une pause, puis Mme Grayling continue d'un ton plus léger :

— Il faut que vous nous fassiez honneur et que vos parents soient fiers de vous.

— Oh ! s'écrie Dolly, étonnée de sa propre audace. C'est justement ce que papa m'a dit quand je l'ai quitté.

— Vraiment ? réplique Mme Grayling en lui souriant. Eh bien, vous voyez que je ne suis pas la seule de cet avis. Ne l'oubliez pas, nous attendons beaucoup de vous !

Sur ces mots, elle congédie les élèves qui, très impressionnées, sortent du bureau. Brigitte elle-même ne dit pas un mot. Toutes prennent la ferme résolution de faire honneur à Malory School.

Le premier jour du trimestre a commencé. Que de choses Dolly aura à raconter à sa mère dans la lettre qu'elle lui écrira ce soir !

Chapitre 4

La division de Miss Potts

Chaque matin, les enfants se réunissent dans le préau. Mme Grayling leur adresse quelques mots et distribue blâmes et éloges. Les élèves se groupent par classe et celles de première division, qu'elles soient de la tour du Nord, du Sud, de l'Est ou de l'Ouest, se trouvent ensemble. Dolly jette un regard à la ronde. Qu'elles sont nombreuses ! Au moins trente-cinq ou trente-six. Miss Potts est leur professeur. La personne à côté de Mam'zelle Dupont doit être Mam'zelle Rougier. Grande, maigre, la bouche pincée, elle forme avec sa compatriote un étrange contraste. Elle paraît sévère. Dolly se réjouit de ne pas être dans sa classe.

Géraldine lui chuchote le nom des autres professeurs :

— Voici le professeur d'histoire, Miss Campton, celle qui a un col en dentelle et des lunettes. Malheur à toi si tu n'aimes pas l'histoire ! Elle ne t'adressera que des moqueries. Là, c'est le professeur de dessin, Miss Lindsay. Elle est très gentille, très indulgente !

Dolly juge Miss Lindsay fort sympathique. Elle est jeune et de petites boucles rousses encadrent son visage rieur.

— Le professeur de musique, M. Young, est à gauche. Tu le vois ? Il n'est jamais de la même humeur deux jours de suite, mais au fond il n'est pas méchant. À droite…

Miss Potts se tourne vers elles. Géraldine se tait aussitôt. Miss Potts n'aime pas beaucoup les élèves qui chuchotent pendant que la directrice parle.

Quand Mme Grayling a quitté l'estrade, les filles se rendent dans leurs diverses classes. Les couloirs de Malory résonnent alors de rires et de voix joyeuses. La classe de première division est une vaste salle aux larges baies qui donnent sur la mer. Avec ses rangées de pupitres en bois clair, elle n'a rien d'austère.

— Moi, je prends le pupitre près de la fenêtre ! annonce une grosse fille en s'asseyant.

— Et moi celui-ci ! s'écrie Brigitte.

La grosse fille la regarde avec surprise.

— Tu es nouvelle, n'est-ce pas ? Eh bien, attends ! Les nouvelles prennent les pupitres qui restent quand les autres ont choisi.

Brigitte devient très rouge. Elle rejette ses cheveux dorés en arrière et arbore un air boudeur. Elle reste debout, n'osant pas s'asseoir. Mais elle est trop obstinée pour battre en retraite. Une autre la repousse.

— Va ailleurs ! Bonjour, Rita ! Tu as passé de bonnes vacances ? Nous revoilà avec notre Potty ! C'est affreux, n'est-ce pas ?

Dolly attend que toutes les autres soient casées. Un pupitre reste libre à la droite de Géraldine et elle se félicite de sa chance. Géraldine discute amicalement avec sa voisine de gauche. Elle se tourne vers Dolly.

— Dolly, voici mon amie, Betty Hill. Nous sommes inséparables. Par malheur, Betty est dans la tour de l'Ouest.

Dolly sourit à Betty qui est vive et a des yeux marron et des cheveux coupés en frange sur le front. Ainsi Géraldine a déjà une amie ! Quel dommage ! Dolly aurait tant aimé l'avoir pour camarade ! Ni Brigitte ni Edith ne lui plaît. L'une est trop prétentieuse et l'autre paraît trop ennuyeuse !

— Chut ! dit une élève qui tient la porte ouverte. Voici Potty !

Le silence règne aussitôt. Toutes se lèvent lorsqu'elles entendent le pas de leur professeur. Miss Potts entre dans la salle, fait un signe de tête et ordonne :

— Asseyez-vous, mes enfants !

Elles obéissent et le professeur rejoint l'estrade.

— Voilà un nouveau trimestre qui commence, déclare-t-elle. Le trimestre de printemps comporte de nombreux plaisirs : natation, tennis, promenades, mais les études y occupent une grande place. Beaucoup d'entre vous ont des examens à passer et, si vous voulez passer dans la classe supérieure à la rentrée prochaine, il vous faut travailler avec sérieux.

Elle fait une pause, puis poursuit en regardant l'un après l'autre quelques visages :

— Au trimestre dernier, j'avais plusieurs paresseuses qui avaient toujours de mauvaises notes. J'espère qu'elles feront un effort, ne serait-ce que pour donner le bon exemple aux nouvelles.

Trois ou quatre élèves rougissent.

— Passons aux choses sérieuses, continue Miss Potts. Voici la liste des livres qui vous sont nécessaires. Après le cours, Catherine, la monitrice de votre division, vous les procurera. Maintenant, travaillons !

Elle indique l'énoncé d'un problème d'arithmétique pour juger du niveau des nouvelles, et bientôt, toutes les têtes sont penchées sur les cahiers. Dolly trouve sans difficulté la solution, mais Brigitte pousse de gros soupirs, ses cheveux épars sur les épaules.

— Qu'avez-vous, Brigitte ? demande Miss Potts sans sympathie.

— Ma gouvernante, Miss Winter, ne m'a jamais fait faire de fractions. Elle me donnait des problèmes beaucoup plus faciles.

— Vous aurez à vous habituer à mes méthodes, prévient Miss Potts. Brigitte, pourquoi ne vous êtes-vous pas peignée ce matin ?

— Je me suis peignée ! Je me suis bien brossé les cheveux pendant cinq minutes. Quarante coups de brosse…

— Les détails ne m'intéressent pas ! Mais je ne tolérerai pas un désordre pareil ! Faites-vous une natte pendant la récréation !

— Une natte ! proteste la pauvre Brigitte, tandis que les autres rient. Mais jamais…

— Cela suffit ! Si vous ne voulez pas natter vos cheveux, faites-les couper chez le coiffeur du village.

Brigitte paraît si horrifiée que Dolly ne peut s'empêcher de rire.

— Je te l'avais bien dit! chuchote Géraldine lorsque Miss Potts se tourne vers le tableau pour écrire l'énoncé d'un autre problème.

Brigitte la regarde avec colère et lui fait une grimace.

— Maman ne voudrait pas que je fasse couper mes beaux cheveux. J'aime mieux les natter!

Accablée par cette catastrophe, Brigitte répond tout de travers aux questions que lui pose le professeur.

La matinée s'écoule. La cloche de la récréation sonne et les élèves se précipitent dehors. Quelques-unes vont jouer au tennis. Certaines courent dans le parc. D'autres encore restent dans la cour pour échanger leurs souvenirs de vacances. Géraldine se promène avec Betty. Dolly, qui n'ose pas leur imposer sa compagnie, se sent très seule. Deux nouvelles, qu'elle ne connaît pas, s'amusent ensemble. Une autre a retrouvé une cousine, pensionnaire depuis un an. Brigitte a disparu ; sans doute essaie-t-elle de tresser ses cheveux. Edith, assise sur l'herbe, garde son expression triste. Dolly s'approche d'elle.

— Que penses-tu de Malory? demande-t-elle. C'est bien, n'est-ce pas?

— Pas mal.

— Tu regrettes ton ancienne école? poursuit Dolly. Moi, j'avais très envie de venir à Malory, mais j'ai eu de la peine de quitter mes amies. Toi aussi, sans doute?

— Je n'en avais pas! réplique Edith d'une voix sèche.

Pas d'amies? Comme c'est bizarre! Avec Edith, la conversation n'est pas facile. Elle répond aux questions, mais elle s'abstient d'en poser.

«J'espère que je trouverai une autre amie, se dit Dolly. Ah! voici Brigitte! La maladroite! Sa tresse est déjà défaite!»

— Je suis affreuse, non ? interroge Brigitte d'un ton plaintif. Je ne sais pas faire les nattes. Je n'aime pas Miss Potts. Elle se mêle de ce qui ne la regarde pas!

— Je vais te coiffer, propose Dolly. Sinon, tu te feras encore gronder!

Elle arrange rapidement les cheveux dorés et noue au bout un étroit ruban rose.

— Là! Tu es beaucoup mieux maintenant!

Brigitte oublie de remercier Dolly et ne perd pas son air boudeur. «Elle a été trop gâtée! songe Dolly. Brigitte est encore plus désagréable qu'Edith, j'ai envie de la gifler quand elle prend ses grands airs ! »

La cloche sonne. C'est l'heure de retourner en classe. Dolly retrouve sans mal le chemin de la sienne. Déjà elle commence à se sentir chez elle à Malory !

Chapitre 5

La première semaine

Dolly s'acclimate rapidement. Elle connaît bientôt toutes les élèves de la tour du Nord, depuis Clara, le chef de classe, jusqu'à Mary Lou, la plus jeune.

Cette dernière vit dans une terreur perpétuelle. Elle a peur des souris, des guêpes, des araignées, du tonnerre, de l'obscurité, de cent autres choses. Pauvre Mary Lou aux grands yeux effrayés ! Dolly, qui n'a peur de rien, rit de l'entendre pousser des cris à la vue d'un perce-oreille sur l'appui d'une fenêtre.

Dix filles occupent le dortoir de la première division de la tour du Nord : Catherine, la monitrice, Géraldine l'écervelée, les trois nouvelles, Dolly, Brigitte et Edith, et Mary Lou, semblable à une biche affolée.

Irène est la septième. Douée pour les mathématiques et la musique, presque toujours la première de sa classe, elle se montre étourdie dans la vie de tous les jours. Si quelqu'un perd son livre, c'est Irène. Si quelqu'un se trompe de classe et d'heure, c'est Irène.

Il paraît qu'une fois, elle a passé une demi-heure dans la salle de dessin déserte, sans s'étonner d'être seule, alors que ses compagnes assistaient à un cours d'histoire.

— Tu n'as pas vu qu'il n'y avait personne? lui a demandé Catherine, stupéfaite. À quoi donc pensais-tu?

— À un problème que Potty nous a donné. C'était un problème difficile, mais on pouvait trouver la solution de trois manières différentes. La première…

— Je crois que tu es folle!

Mais Irène n'est pas folle. Simplement, elle oublie les petits détails de l'existence quotidienne. Quand elle s'aperçoit de ses étourderies, elle est la première à rire aux éclats.

Les trois dernières occupantes du dortoir sont Jane, une écolière intelligente et gaie ; Emily, calme et studieuse, habile aux travaux manuels ; et Violette, enfant timide, toujours à l'écart parce qu'elle semble ne s'intéresser à rien. Ses compagnes ne remarquent même pas si Violette est là ou non.

Au bout de quelques jours, Dolly a l'impression de les connaître depuis des années. Elle ne se formalise plus des chaussettes toujours tirebouchonnées d'Irène ni de l'accent écossais de Jane. Elle n'ignore rien des goûts des professeurs et s'amuse des petites manies de Mam'zelle. Les soupirs et les gémissements de Brigitte, les cris de frayeur de Mary Lou à la vue d'un insecte ne l'émeuvent plus. Elle aime la voix grave de Catherine et sa façon décidée de trancher les difficultés. Elle sait tout sur la famille Johns, car Géraldine fait ses confidences à qui veut l'entendre. Cette dernière parle de ses frères, de son père, de sa mère, de son chien, de son travail, de ses jeux, et donne son avis sur tout, même quand on ne le lui demande pas.

Géraldine est la simplicité même. Aussi franche que Dolly, mais moins douce, elle a souvent des répliques cinglantes. Les prétentieuses comme Brigitte la détestent, les timides comme Mary Lou la craignent. Dolly l'apprécie beaucoup.

« Elle est si gaie, si spirituelle ! pense-t-elle. On ne s'ennuie pas une minute, avec Géraldine! Dommage qu'elle ait Betty pour meilleure amie ! C'est elle que j'aurais choisie. »

Il faut plus longtemps à Dolly pour connaître les élèves de première division habitant les autres tours. Elle ne les voit qu'en classe car elles ont leurs propres dortoirs et leurs propres salles de récréation. Quant aux plus âgées qui ne suivent pas les mêmes cours, elle ne les rencontre que le matin dans le préau, pendant la brève allocution de Mme Grayling ; aux leçons de chant de M. Young et de temps en temps sur les courts de tennis et à la piscine. Pourtant elle en connaît un grand nombre de réputation.

Evelyne, en sixième année, est capitaine des jeux et la plupart des élèves l'aiment énormément.

— Elle est juste et se donne beaucoup de peine pour former les élèves de première division, raconte Géraldine. Tandis que Miss Remington, le professeur de gymnastique, n'aime pas du tout s'occuper des petites.

Clara, le chef de classe, jouit aussi de l'estime générale. Elle se distingue dans les études littéraires. Le bruit court qu'elle écrit déjà un roman, ce qui fait grande impression sur les élèves de première division. C'est déjà si difficile d'écrire une rédaction convenable, alors un roman… !

En revanche, deux grandes, Doris et Fanny, sont les bêtes noires de la pension.

— Ce sont des pestes ! déclare Géraldine qui fait rarement preuve d'indulgence. De vraies pestes ! Et sournoises, en plus !

— Que font-elles ? demande Dolly.

— Elles se prennent pour des perfections. Et elles cherchent toujours à nous prendre en faute et à nous faire gronder. La nuit où je me suis éclipsée du dortoir pour aller rejoindre mes amies de la tour de l'Ouest, Doris s'est doutée de quelque chose et elle a attendu mon retour.

— Elle t'a surprise ? interroge Mary Lou, frémissante d'émotion.

— Bien sûr que non ! Je ne me laisserais pas surprendre par cette pimbêche ! Je l'ai aperçue en revenant et je l'ai enfermée dans un placard ! C'est Fanny qui l'a délivrée ! Et elle n'a pas pu se plaindre : Mme Grayling déteste qu'on rapporte.

Irène éclate de rire et toutes l'imitent.

— Tu peux être sûre qu'elle se vengera, fait-elle remarquer. Elle n'attend qu'une occasion pour te jouer un mauvais tour.

— Je parie qu'elle ne la trouvera jamais ! riposte Géraldine. Au fond, elle a un peu peur de moi. Elle voit que je suis de taille à me défendre !

Bientôt, Dolly sait s'orienter dans l'immense pensionnat. Elle a une prédilection pour la salle de dessin de la tour du Nord. Le laboratoire l'effraie un peu, mais elle n'a pas encore été appelée à y faire des expériences. Le grand gymnase, avec ses agrès, ses balançoires, ses échelles, ses cordes à nœuds lui plaît beaucoup. Elle est bonne en gymnastique. Souple et forte, Géraldine grimpe comme un singe. Mary Lou tremble d'effroi et Evelyne elle-même, malgré sa patience, ne peut rien lui enseigner.

Les professeurs habitent la partie sud du pensionnat, à part celles qui, comme Miss Potts et Mam'zelle Dupont, couchent dans les tours pour surveiller les élèves. Dolly se demande pourquoi elle s'est sentie si perdue et si affolée à son arrivée. Maintenant elle n'a plus du tout l'impression d'être une nouvelle.

Ce que Dolly préfère à tout le reste est la grande piscine près du rivage. Elle a été creusée dans les rochers, mais a un fond de sable fin. À l'heure de la marée haute, la mer la remplit et y apporte des algues et quelquefois des étoiles de mer.

La côte est trop dangereuse pour les bains. Les vagues sont très fortes, les courants sous-marins très nombreux. Aussi a-t-on interdit aux élèves de s'y aventurer. Dans la piscine au contraire elles ne risquent rien. Elles s'y ébattent comme des dauphins, et des plongeoirs de différentes hauteurs leur permettent de montrer leur habileté.

Mary Lou et Brigitte ont horreur des baignades. Mary Lou parce qu'elle craint l'eau, Brigitte parce qu'elle déteste tout exercice physique. Géraldine se fait un malin plaisir de la pousser dans la piscine chaque fois qu'elle en a l'occasion. Aussi Brigitte s'enfuit-elle dès qu'elle voit poindre à l'horizon Géraldine ou Betty.

La première semaine s'écoule lentement. Tout semble si étrange, les nouvelles ont tant de choses à apprendre ! Dolly ne tarde pas à s'adapter. Elle est intelligente, serviable, gaie, et gagne en peu de temps toutes les sympathies.

Mais personne n'aime la pauvre Brigitte. Quant à Edith Hope, après avoir en vain essayé de la faire parler de sa famille et de sa maison, on la laisse dans sa coquille et on ne s'occupe plus d'elle.

— Voilà une semaine finie ! annonce Géraldine un beau jour. La première semaine paraît toujours très longue. Après, les jours passent rapidement, nous arrivons à la moitié du trimestre sans nous en apercevoir, puis nous pensons aux vacances. Tu t'es vite habituée, n'est-ce pas, Dolly ?

— Oh ! oui. Je suis très heureuse ! Je ne demande qu'une chose, c'est que toutes les semaines à venir soient aussi agréables que celle-ci !

— Attends un peu ! Tout va bien au début, mais quand tu connaîtras les foudres de Mam'zelle et les tisanes de Mme Walter, quand Potty t'aura mise en retenue, tu...

— Tais-toi ! Je ne me ferai pas gronder et je ne suis jamais malade. Tu ne me fais pas peur !

Mais Géraldine a raison. Même à Malory, la vie de pension n'est pas toujours une fête !

Chapitre 6
Malicieuse Géraldine

Avant Malory School, Dolly a fréquenté une bonne école et possède de très solides bases. Le travail de sa classe lui paraît donc facile. Dès le début, elle a d'excellentes notes et se range bientôt parmi les premières.

« Je croyais que j'aurais à travailler beaucoup plus que dans mon ancienne école, songe-t-elle. Mais non. Il n'y a que les maths qui me donnent de la peine. J'aimerais bien être aussi bonne qu'Irène. »

Fière des résultats obtenus, Dolly relâche peu à peu ses efforts et suit l'exemple de Géraldine qui pense surtout à faire rire ses compagnes.

Betty Hill seconde de son mieux son amie. Rien, semble-t-il, ne la retient. Et Dolly admire son audace. Deux maîtresses surtout font l'objet des plaisanteries de Betty et de Géraldine. Mam'zelle Dupont, le professeur de français, et la douce jeune fille qui dispense les cours de couture et quelquefois surveille l'étude du soir. Miss Davis tombe dans tous les pièges sans jamais soupçonner Géraldine et Betty. Mam'zelle s'aperçoit trop tard des tours qu'on lui joue ; alors elle tempête ou rit aux éclats selon son humeur.

— Un jour, Betty a mis une souris blanche dans le bureau de Mam'zelle, raconte Géraldine. Pauvre bête ! Elle ne pouvait pas sortir et brusquement, désespérée, elle a poussé le petit encrier et a passé son museau par le trou. Mam'zelle a failli avoir une crise cardiaque !

— Qu'a-t-elle fait ? demande Dolly.

— Elle s'est enfuie de la classe comme si le diable était à ses trousses. Après son départ, nous avons caché la souris dans mon pupitre. Quand Mam'zelle a eu le courage de revenir, elle nous a ordonné de chercher la souris dans son bureau ; bien entendu on ne l'a pas trouvée. Mam'zelle a cru qu'elle avait eu une hallucination.

— J'aurais bien voulu être là ! soupire Dolly. Géraldine, fais quelque chose de drôle ! Joue un tour pendant le cours d'arithmétique, par exemple. Comme cela, Miss Potts ne pensera pas à me gronder parce que je n'ai pas compris mes exercices.

— Jouer un tour pendant le cours de Potty ! s'écrie Géraldine. Tu es folle ! Potty est maligne, elle devine tout de suite les coupables. Et elle punit, elle ne se contente pas de crier comme Mam'zelle !

— Eh bien, pendant le cours de Mam'zelle alors ! supplie Dolly. J'aime bien Mam'zelle, mais je ne l'ai pas encore vue en colère. S'il te plaît, joue-lui un tour !

Géraldine se met à réfléchir, le front plissé. Betty vient à son secours.

— Sam, Roger et Dick ont bien fait quelques farces le trimestre dernier ? questionne-t-elle, et elle se tourne vers Dolly.

Géraldine a trois frères qui vont au même collège. Ils en font voir de toutes les couleurs à leur professeur !

Dolly voudrait bien avoir des frères comme Roger, Sam et Dick. Mais elle n'a qu'une petite sœur, de sept ans plus jeune qu'elle.

— Oui, Roger a inventé quelque chose de très drôle ! s'exclame brusquement Géraldine.

Je crois que je pourrai l'imiter, mais il faudra que tu m'aides, Dolly.

— Volontiers ! Qu'est-ce que c'est ?

— Roger a fait semblant d'être sourd. Chaque fois que le professeur lui posait une question, il répondait tout de travers. Si on lui demandait : « En quelle année a eu lieu la bataille de Trafalgar ? », Roger disait : « La gare ? Mais non, monsieur, je ne suis pas allé à la gare. »

Dolly se met à rire.

— Oh ! Géraldine, comme ce serait drôle ! Je t'en prie, fais semblant d'être sourde ! Nous t'aiderons. Au prochain cours de Mam'zelle ?

La première division apprend bientôt que Géraldine va jouer un tour à Mam'zelle. La joie est générale. Après l'agitation des premiers jours, la vie commence à paraître un peu monotone et toutes souhaitent une petite distraction.

— Je ferai comme si je comprenais de travers ce que Mam'zelle dira. Dolly et Betty, vous répéterez la question en criant de toutes vos forces, puis les autres de la classe. C'est compris ? Nous allons bien nous amuser !

Le lendemain matin, Mam'zelle, sans aucun soupçon, entre dans la classe de la première division, un grand sourire aux lèvres. C'est une belle journée de printemps. Elle a reçu deux lettres de France et appris la naissance d'un petit neveu. Coiffée avec un soin particulier, elle arbore un chemisier neuf. D'excellente humeur, elle s'assoit devant son bureau, heureuse et pimpante.

— Mes chères enfants, commence-t-elle, vous allez très bien travailler aujourd'hui, n'est-ce pas ? Nous donnerons le bon exemple à toutes les autres divisions. Brigitte elle-même récitera ses verbes sans une seule faute !

Brigitte semble en douter. Depuis qu'elle est à Malory, elle se rend compte que ses études ont beaucoup laissé à désirer jusque-là. Miss Winter, sa gouvernante, se pliait à tous ses caprices et vantait sans cesse la beauté de ses cheveux dorés et de ses yeux bleus. C'était très agréable, mais la fillette a maintenant conscience d'avoir perdu son temps.

En français surtout, elle est très faible. Elle sourit à Mam'zelle, dans l'espoir que Géraldine détournera l'attention du professeur de français. Mam'zelle contemple la classe avec satisfaction. Les élèves paraissent plus attentives que d'habitude. D'abord, elle leur annonce la naissance de son petit neveu.

— Il s'appelle Jean-François, déclare Mam'zelle. C'est un beau bébé tout rose, tout rond. Répétez cela en français !

Géraldine se penche en avant, les mains derrière les oreilles. Mam'zelle le remarque.

— Géraldine, vous n'avez pas entendu ? Écoutez bien. Il est tout rose, tout rond ! Répétez, s'il vous plaît.

— Pardon ? dit poliment Géraldine en se penchant un peu plus.

Dolly réprime son envie de rire.

— Géraldine, qu'avez-vous donc ? crie Mam'zelle. Vous êtes dans la lune ?

— Des prunes ? Mais, Mam'zelle, ce n'est pas encore la saison des prunes ! proteste Géraldine en feignant la surprise.

Un éclat de rire fuse dans la classe.

— Mam'zelle te demande si tu es dans la lune, répète Betty à voix très haute.

— Si je suis brune ? réplique Géraldine, plus étonnée que jamais.

— Tu n'entends pas ? interroge Dolly en se joignant au jeu, et la classe reprend en chœur :

— Tu n'entends pas ?

Mam'zelle frappe sur son bureau.

— Mes enfants, pas tant de bruit, s'il vous plaît !

— Mam'zelle, Géraldine est peut-être sourde, déclare Dolly, parlant comme si Mam'zelle

elle-même était sourde. Ce matin, elle avait mal aux oreilles.

— Vraiment? s'écrie Mam'zelle, prise de compassion.

Et elle hurle :

— Vous avez mal aux oreilles?

— Non, je n'aime pas l'oseille ! répond Géraldine. Je préfère les épinards.

C'en est trop pour Irène. Elle part d'un éclat de rire strident qu'elle étouffe dans son mouchoir.

— Qu'est-ce que c'est que ce bruit? questionne Mam'zelle en sursautant. Ah ! C'est vous, Irène ! Qu'est-ce qui vous arrive?

— Je ne peux pas m'empêcher d'éternuer, Mam'zelle, balbutie Irène, le nez dans son mouchoir comme si elle éternuait de nouveau.

— Géraldine, répète Mam'zelle en se tournant vers l'espiègle qui, les deux mains derrière les oreilles et les sourcils froncés, semble faire un effort désespéré pour entendre, je ne vous parle pas d'oseille. Dites-moi, avez-vous un rhume?

— C'est vrai, parfois, papa fume, répond Géraldine à la grande surprise de Mam'zelle.

— Mam'zelle te demande si tu as un rhume ! lance Dolly de toutes ses forces.

— Tu sais bien, un rhume ! renchérit Betty. As-tu un rhume?

— As-tu un rhume ? hurle la classe.

— Un rhume ? Pourquoi ne parlez-vous pas clairement ? dit Géraldine. Oui, j'ai eu un rhume.

— C'est pour cela que vous souffrez des oreilles, conclut Mam'zelle. Depuis combien de temps êtes-vous enrhumée, Géraldine ?

Dolly repose cette question en criant de toutes ses forces. Betty l'imite.

— Depuis deux ans, réplique Géraldine.

Irène de nouveau se cache le visage dans son mouchoir. Mam'zelle ne sait plus que penser.

— La pauvre enfant ne peut pas suivre le cours de français, décide-t-elle. Géraldine, asseyez-vous près de la fenêtre et lisez votre manuel. Vous ne pouvez pas entendre un mot de ce que nous disons.

Géraldine jette un regard interrogateur à Dolly. Dolly répète ce qu'a dit Mam'zelle, les autres se joignent à elle et c'est de nouveau une cacophonie assourdissante.

La porte s'ouvre brusquement. Miss Potts entre, le visage sévère. Elle fait cours dans la salle voisine et le vacarme de la première division la gêne.

— Mademoiselle, excusez-moi de vous interrompre, mais est-il nécessaire que les enfants répètent leur leçon de français si fort? demande-t-elle.

— Ah ! Miss Potts, je suis désolée, mais ce n'est pas pour moi que les élèves crient si fort, c'est pour la pauvre Géraldine qui n'entend pas, explique Mam'zelle.

Miss Potts paraît surprise. Géraldine, mal à l'aise, prend un air innocent. Mais Miss Potts se méfie toujours des airs innocents de Betty et de Géraldine.

— Que voulez-vous dire, mademoiselle? questionne-t-elle. Géraldine est brusquement devenue sourde? Elle entendait très bien ce matin.

— Elle est tout à fait sourde maintenant, affirme Mam'zelle.

Miss Potts regarde Géraldine.

— Venez me trouver à la récréation, Géraldine ! ordonne-t-elle. J'aurai à vous parler !

Personne n'ose répéter ces paroles à Géraldine, mais Mam'zelle elle-même s'en charge. Elle crie de toutes ses forces :

— Miss Potts dit...

— Ne prenez pas la peine de répéter mes paroles, mademoiselle, interrompt Miss Potts. Géraldine m'a entendue. Je vous attends à onze heures, Géraldine. Et, s'il vous plaît, levez-vous quand je parle !

Rouge comme une pivoine, Géraldine se lève. Miss Potts sort de la salle et ne ferme pas la porte très doucement. Mam'zelle déteste qu'on fasse claquer les portes.

— Cela me donne la migraine ! se plaint-elle. Miss Potts n'a jamais la migraine !

— Ni mal aux oreilles ! ajoute Dolly, mais personne ne rit.

L'arrivée de Miss Potts a mis fin au jeu. Géraldine ne parle plus de son mal d'oreilles. Elle prend un livre et s'assoit près de la fenêtre. Son mauvais tour lui a tout au moins rapporté quelques instants de loisir. Mam'zelle la laisse tranquille et interroge les autres sur les verbes français. Comme personne ne sait un mot de la leçon, Mam'zelle s'emporte. Les punitions se mettent à pleuvoir. Enfin la cloche de la récréation sonne. Mam'zelle sort majestueusement. Les élèves se rassemblent autour de Géraldine.

— Géraldine, j'ai failli mourir de rire ! Quel dommage que Potty soit venue ! Tu vas être grondée, mais tu nous as bien amusées !

— Que va dire Potty ? soupire Géraldine. J'avais oublié qu'elle était dans la classe voisine. À tout à l'heure, vous autres !

Géraldine reçoit une bonne réprimande, à laquelle s'ajoutent plusieurs problèmes à

Chapitre 7

Dolly se met en colère

résoudre pendant la récréation. En quittant Miss Potts, elle se heurte à Mam'zelle.

— Avez-vous vu Miss Potts, Géraldine? demande le professeur de français, craignant que Géraldine n'ait pas entendu l'ordre de sa collègue.

— Oui, Mam'zelle, répond Géraldine en se hâtant de s'éloigner.

Mam'zelle la suit des yeux. Tiens! Géraldine a entendu ce qu'elle a dit. Son mal d'oreilles serait-il déjà guéri? Mam'zelle fronce les sourcils. Miss Potts sort de sa classe.

— Si Géraldine donne d'autres signes de surdité, envoyez-la-moi, déclare-t-elle. Je connais le remède dont elle a besoin.

Elle passe son chemin. Mam'zelle reste clouée sur place.

— Cette Géraldine ! Elle m'a joué un tour ! murmure-t-elle. Elle n'était pas sourde ! Je ne la croirai plus jamais !

Dolly s'est bien amusée. Comme Géraldine est drôle ! Elle a joué son rôle en véritable actrice ! Quant à Mary Lou, tant d'audace la méduse. Géraldine saisit le bras de Dolly.

— Nous inventerons d'autres tours, promet-elle. Toi, Betty et moi, on nous surnommera les trois espiègles de Malory !

— Oh ! oui, s'écrie Dolly, ravie à la perspective d'une association avec Betty et Géraldine. J'aurais peut-être une idée, moi aussi !

Mais mieux vaut attendre encore un peu. Pour le moment, Potty est sur le sentier de guerre !

Brigitte jalouse Géraldine et Betty, et s'irrite de voir que Dolly a gagné leurs bonnes grâces. Après tout, Dolly est nouvelle aussi et c'est une fille bien ordinaire. Elle prend Edith Hope pour confidente.

— Dolly Rivers se donne de grands airs. Je ne l'aime pas, et toi ? demande-t-elle. Elle s'imagine être au-dessus de nous. Quant à Géraldine et à Betty, ce sont des poseuses ! Pour rien au monde, je ne voudrais être leur amie !

Edith écoute avec indifférence. Brigitte n'en poursuit pas moins ses critiques.

— Dolly croit nous surpasser en tout : dans les études, au tennis, en natation. J'ai bien envie de lui prouver que je suis deux fois plus forte qu'elle !

— Pourquoi ne le fais-tu pas? interroge Edith. Jusqu'à présent, tu ne t'es distinguée en rien !

Vexée, Brigitte se rembrunit. Cette idiote d'Edith mérite une bonne leçon !

— Tu verras ce que je peux faire quand je le veux ! déclare-t-elle. Mais cette école n'en vaut pas la peine. Toutes ces filles sont stupides ! Je suis cent fois plus brillante qu'elles !

Par malheur pour Brigitte, Géraldine entend ces paroles. Elle éclate de rire.

— Tu ne sais pas jouer au tennis, tu ne sais pas nager, tu cries quand ton pied touche l'eau froide, tu es mauvaise en maths, en français, en histoire, en géographie. Et tu te vantes d'être meilleure que nous ! Je te mets au défi de le prouver !

Edith ne peut s'empêcher de rire. Brigitte meurt d'envie de les gifler toutes les deux.

Mais elle soupçonne que Géraldine est de taille à se défendre. Elle préfère s'éloigner, drapée dans sa dignité.

— Chère Brigitte Mary ! crie Géraldine derrière elle. Le phénix des phénix, la huitième merveille du monde ! Dire qu'elle ne sait même pas ce que c'est qu'une fraction !

Ce soir-là, les élèves se rendent à la piscine et s'amusent à plonger. Agile comme une anguille, Géraldine nage sous l'eau et ne revient à la surface qu'après avoir parcouru une dizaine de mètres. Ses camarades l'applaudissent.

— Comment peux-tu retenir ta respiration si longtemps ? demande Dolly. Je voudrais bien t'imiter. Recommence, Géraldine, quand tu auras repris ton souffle !

— De l'eau est entrée dans mes oreilles, répond Géraldine en secouant la tête. Pour le moment je préfère plonger.

Elle plonge aussi bien qu'elle nage. Brigitte l'envie. Elle pourrait sûrement faire mieux encore si elle arrivait à surmonter sa peur de l'eau ; mais dès qu'elle perd pied, elle a la sensation de se noyer et pousse des cris de terreur.

Une seule élève se montre encore plus mauvaise nageuse qu'elle… C'est Mary Lou.

Personne cependant ne taquine cette dernière. Elle inspire plutôt la pitié.

Brigitte la voit à ses côtés et, la sachant encore plus craintive qu'elle-même, éprouve un sentiment de supériorité.

Elle s'approche lentement de Mary Lou, saute sur elle à l'improviste et la pousse dans la piscine. Mary Lou n'a pas le temps de crier. Elle ouvre la bouche, et l'eau la suffoque. En vain, elle se débat. Brigitte l'empêche de remonter à la surface. Mais une tape sur l'épaule lui fait lâcher prise. Elle se retourne pour se trouver en face de Dolly tremblante de rage.

— Méchante ! crie Dolly. Je t'ai vue ! Tu as obligé la pauvre Mary Lou à sauter ! Tu sais pourtant bien qu'elle a peur ! Elle aurait pu se noyer !

Elle aide la pauvre petite à reprendre pied. Celle-ci est bleue de froid et l'eau qu'elle a avalée lui donne des nausées. Les autres élèves accourent. Dolly ne peut contenir sa colère.

— Attends une minute, je vais te faire plonger, moi ! crie-t-elle. Tu verras si c'est agréable d'être jetée de force dans l'eau !

Mary Lou se cramponne toujours à Dolly. Brigitte, un peu effrayée, juge plus prudent de quitter la piscine sans attendre que Dolly ait mis sa menace à exécution. Elle se dirige vers les marches. Au moment où elle les gravit, Dolly, qui a abandonné Mary Lou en pleurs à Géraldine, la rejoint.

— Je ne te jetterai pas dans l'eau, poltronne ! Mais tu recevras la punition que tu mérites !

Deux gifles claquent. Brigitte hurle de douleur. Dolly a frappé de toutes ses forces et sa paume est dure. Ses cinq doigts ont laissé des marques rouges sur les joues de Brigitte.

— Eh, là-bas, Dolly ! lance Catherine. Qui t'a permis de te conduire ainsi ?

Les yeux flamboyants, Dolly se retourne.

— Il fallait que quelqu'un donne une leçon à cette peureuse, n'est-ce pas ?

— Oui, mais pas toi, répond froidement Catherine. Tu t'es mise dans ton tort en la giflant. J'ai honte de toi !

— Et moi, j'ai honte de *toi* ! riposte Dolly à l'étonnement général. Si j'étais la monitrice de la première division, j'obligerais les filles du genre de Brigitte à apprendre à nager, à plonger, je les empêcherais de tourmenter les timides, les craintives comme Mary Lou ! Compris ?

Atterrées, les élèves regardent Dolly. C'est la première fois qu'elles la voient en colère.

— Sors de la piscine ! ordonne Catherine.

Tu entends ? Sors de là ! Heureusement pour toi qu'aucun professeur n'a été témoin de cette scène !

Dolly sort, toujours tremblante. Elle s'enveloppe dans son peignoir et, le cœur battant, reprend lentement le chemin du pensionnat.

Horrible Brigitte ! Horrible Catherine ! Horrible Malory School !

Mais avant d'arriver au sommet de la colline et de franchir la porte qui donne dans le parc de Malory, Dolly a repris la maîtrise d'elle-même. Elle est consternée. Comment a-t-elle pu ne pas se contenir ?

Lentement, elle va au vestiaire, se sèche et s'habille. Catherine lui a adressé en public des reproches cinglants. Personne n'a dit un mot en sa faveur, même pas Géraldine. Et elle a apostrophé la monitrice de sa division en termes violents ! Comment a-t-elle pu se conduire si mal ? Elle ne vaut vraiment pas mieux que Brigitte ! Elle rougit en pensant aux gifles qu'elle a assénées à Brigitte. Catherine a raison, ce n'était pas à elle de punir. Elle n'a plus qu'à s'excuser.

Soudain elle entend renifler et se retourne. Devant le miroir, Brigitte examine les marques rouges laissées par les doigts de Dolly. Elle pleurniche de rage plutôt que de douleur.

— Je l'écrirai à maman ! Si elle savait, elle viendrait me chercher tout de suite ! Je suis trop malheureuse !

Elle sursaute en entendant des pas derrière elle.

— Brigitte, je regrette de t'avoir frappée, déclare Dolly. C'est vrai, tu sais ! J'étais si en colère que je n'ai pas pu m'en empêcher !

Mais Brigitte n'est pas assez généreuse pour accepter ces excuses sincères. Elle se redresse de toute sa taille.

— Tu n'en avais pas le droit! réplique-t-elle d'un ton méprisant. Je le dirai à maman. Si elle avait su qu'il y avait à Malory des filles comme toi, elle m'aurait gardée à la maison !

Chapitre 8

Dolly et Brigitte

Après le départ de Dolly et de Brigitte, les élèves groupées au bord de la piscine commentent ce qui vient de se passer.

— Qui aurait cru que Dolly pouvait s'emporter ainsi ?

— On ne peut pas lui permettre d'être si insolente à l'égard de Catherine ! C'est notre monitrice, elle a le droit de nous gronder.

— Catherine, que vas-tu faire ?

Cette dernière, habituellement si calme, est rouge et anxieuse. Elle aime bien Dolly, mais ne la reconnaît pas dans la furie qui a giflé Brigitte. Géraldine est consternée. Elle secoue la tête pour chasser l'eau entrée dans ses oreilles. Qui aurait pensé que Dolly était aussi emportée ?

— Rassemblez-vous dans la tour du Nord dès que vous serez habillées ! ordonne Catherine qui reprend ses esprits.

Toutes l'interrogent du regard. Une réunion des élèves de première division ? L'affaire est donc si grave ? Elles courent au vestiaire. Elles n'y trouvent ni Brigitte ni Dolly.

Brigitte est montée au dortoir pour se mettre de la crème sur les joues. Déjà les marques rouges s'effacent mais elle a bien l'intention de se poser en victime. Toujours jalouse de Dolly, elle se félicite d'avoir maintenant des griefs sérieux. Des excuses ! Elles n'ont rien de sincère, Brigitte en est sûre.

Les autres élèves se réunissent dans la salle de récréation. Catherine s'assoit devant une table et promène son regard autour d'elle.

— Vous êtes toutes d'accord, je suppose, que, malgré la sympathie que nous inspire Dolly, nous ne pouvons tolérer une conduite pareille ! déclare-t-elle.

— Catherine, ne la punis pas ! supplie timidement Mary Lou. Elle m'a sauvée ! J'allais me noyer, je t'assure !

— Bien sûr que non ! interrompt Catherine. Brigitte n'avait pas du tout l'intention de te faire couler. Elle voulait se venger des taquineries qu'on lui adresse parce qu'elle nage mal !

Mary Lou prend Dolly pour une héroïne. Suffoquant sous l'eau, elle s'est crue perdue et Dolly l'a repêchée. Comment Catherine peut-elle la juger avec tant de sévérité ? Mary Lou n'ose insister, mais, le cœur battant d'anxiété, elle attend le verdict de la monitrice.

— Dolly doit s'excuser d'avoir parlé à Catherine de façon si insolente, propose Irène. Si elle refuse, nous ne lui adresserons pas la parole pendant une semaine. Je ne croyais pas Dolly capable de gifler quelqu'un !

— Il faut surtout qu'elle présente des excuses à Brigitte, ajoute Catherine. Elle n'avait pas le droit de la punir.

— C'est cela le plus désagréable, murmure Géraldine. Notre chère Brigitte Mary va prendre ses grands airs ! Je ne voudrais pas être à la place de Dolly !

— Et Brigitte ? Ne la gronderas-tu pas, Catherine ? questionne Jane.

— Si, répond Catherine. Je me demande où est Dolly. J'espère qu'elle s'excusera de bonne grâce. Si elle est encore en colère, ce ne sera pas facile de la convaincre. Je ne tiens pas à raconter à Mme Grayling ce qui s'est passé. Mieux vaut que l'incident reste entre nous !

Au même moment, la porte s'ouvre pour livrer passage à Dolly. Elle est surprise de voir l'air grave de ses compagnes. Catherine ouvre la bouche pour lui parler, mais Dolly ne lui laisse pas le temps de prononcer un mot.

— Catherine, je regrette beaucoup mon insolence. Je te demande pardon de t'avoir parlé sur ce ton. La colère m'a fait perdre la tête !

Catherine s'attendait si peu à ces paroles qu'elle ne peut s'empêcher de sourire.

— Tu es toute pardonnée. Mais je ne te croyais pas si emportée !

— C'est mon plus grand défaut ! avoue Dolly en se frottant le nez, geste qui lui est habituel quand elle est gênée ou honteuse. Je tiens cela de papa. Mais lui a plus de volonté et a appris à garder son calme. Je voudrais bien l'imiter. En arrivant à Malory, j'avais décidé de ne plus me mettre en colère, tu sais !

Les élèves, indignées par la conduite de Dolly, lui rendent maintenant leur sympathie. Elle a un défaut, le reconnaît, regrette ses incartades et s'excuse avec humilité. Comment pourrait-on ne pas l'aimer ?

— Eh bien, réplique Catherine, tu nous as donné un échantillon de ce que tu peux faire quand tu t'emportes ! Brigitte méritait une leçon, Dolly, mais ce n'était pas à toi de la lui donner ! C'était à moi, ou à Clara, ou même à Miss Potts. Pas à toi. Imagine ce que serait l'école si chacune de nous s'attribuait le droit de rendre la justice et de frapper les autres !

— Je sais que j'ai eu tort, convient Dolly. J'ai bien réfléchi. J'ai honte de moi, Catherine. Crois-moi !

— Je te crois, dit cette dernière. Mais, j'ai bien peur, Dolly, que tu aies quelque chose à faire, quelque chose de très désagréable, avant que nous décidions que l'incident soit clos.

— Qu'est-ce que c'est? questionne Dolly, effrayée.

— Tu devras présenter des excuses à Brigitte, annonce Catherine qui s'attend à un nouvel accès de colère.

— Présenter des excuses à Brigitte ? C'est déjà fait ! s'exclame Dolly, soulagée. Tu m'as fait peur. Chaque fois que je m'emporte, je le regrette et me dépêche de demander pardon.

Les élèves regardent avec admiration Dolly qui secoue ses boucles brunes et fixe sur Catherine des yeux clairs et sincères. On n'a pas besoin de se réunir pour juger Dolly. Elle s'est jugée elle-même et, de son propre chef, a essayé de réparer sa faute. Mary Lou retient avec peine des cris de joie. Quel bonheur d'avoir une amie comme Dolly !

— À mon avis, reprend celle-ci, Brigitte a été très méchante avec Mary Lou. C'était à Mary Lou de se défendre mais je savais qu'elle n'en aurait pas le courage.

La joie de Mary Lou disparaît. Dolly la prend pour une poltronne ! Et elle ne se trompe pas.

Une fille énergique comme elle ne peut que mépriser une poule mouillée. Mary Lou doit faire un effort pour refouler ses larmes.

À ce moment-là, Brigitte ouvre la porte et entre. Elle a défait sa natte. Elle entend Dolly l'accuser de méchanceté et devient rouge comme une tomate.

— Brigitte, la prochaine fois que tu voudras jouer un mauvais tour à quelqu'un, choisis une élève capable de te rendre la pareille, déclare Catherine d'une voix dure. Demande pardon à Mary Lou qui a passé un très mauvais quart d'heure par ta faute ! Dolly t'a présenté ses excuses. À ton tour, maintenant !

— Dolly m'a présenté des excuses ? riposte Brigitte. Quand cela ? Je ne m'en souviens pas.

— Allons donc ! Tu t'en souviens très bien ! s'insurge Dolly, stupéfaite, en se tournant vers les autres. Vous pouvez croire qui vous voulez, Brigitte ou moi, mais je vous assure que j'ai dit la vérité.

Catherine les regarde l'une après l'autre.

— Nous te croyons, Dolly. Maintenant, Brigitte, devant nous toutes afin que nous puissions l'entendre, fais des excuses à Mary Lou !

Brigitte n'a plus qu'à s'exécuter. Il lui en coûte beaucoup, mais Catherine attend et les autres ont les yeux fixés sur elle. À contrecœur, elle balbutie quelques mots. Plus que jamais, elle déteste Dolly et cette idiote de Mary Lou !

Après quoi, elle s'enfuit pour cacher ses larmes de rage. Ses compagnes poussent un soupir de soulagement.

— Enfin c'est terminé ! s'écrie Irène, qui déteste les scènes. Je vais faire du piano. J'ai besoin d'un peu de musique après tant d'émotions !

Elle se rend dans la salle de musique. Bientôt, absorbée par la sonate qu'elle joue, elle a tout oublié. Mais ses compagnes conservent longtemps le souvenir de ces événements. Elles critiquent l'emportement de Dolly, tout en convenant que Brigitte n'a eu que ce qu'elle méritait.

Elles comparent les excuses franches et sincères de l'une avec les balbutiements de l'autre. Brigitte se montre vraiment sous un mauvais jour et s'en rend compte. En tout cas, cela fait beaucoup d'histoires pour une simple plaisanterie ! Presque chaque fois que l'on descend à la piscine, un incident de ce genre a lieu et personne n'en fait un drame. Mais Brigitte écrira à sa mère que Dolly l'a giflée et Mme Lacey se plaindra peut-être à la directrice.

En effet, Brigitte revient à la salle de récréation, prend son papier à lettres et s'installe devant une table. D'ordinaire, elle déteste écrire. Elle ne répond que brièvement aux longs courriers de sa mère et, depuis son arrivée à Malory, elle n'a pas même envoyé une carte postale à son ancienne gouvernante, Miss Winter. Brigitte néglige ceux qui l'aiment et en veut à ceux qui ne l'aiment pas.

— Je vais écrire à maman ! annonce-t-elle à ses voisines.

Quelques-unes discutent, d'autres lisent. Avant le dîner, les pensionnaires ont droit à un moment de liberté. Personne ne fait attention à cette déclaration, excepté Jane.

— Ce n'est pas le jour des lettres, fait-elle remarquer. Qu'est-ce qui te prend, Brigitte, d'écrire au milieu de la semaine, alors que tu pousses des soupirs à fendre l'âme, le dimanche, à l'heure de la correspondance ?

— J'écris pour avertir maman que Dolly m'a frappée ! réplique Brigitte, très haut pour être entendue dans toute la salle. Maman sera furieuse !

Catherine se lève.

— Je suis contente de savoir ce que tu mijotes, annonce-t-elle. Je vais, moi aussi, prendre du papier à lettres. Je suis sûre que tu ne diras pas à ta mère pourquoi Dolly t'a giflée. Mais moi, je le lui expliquerai !

Brigitte jette son porte-plume, froisse la feuille où elle a déjà écrit quelques mots et en fait une boule qu'elle jette dans la corbeille à papier.

— Bon, décide-t-elle, je n'écrirai pas. Je ne veux pas que tu racontes des mensonges à mes parents. Quelle horrible école ! Maman sait bien que j'y suis malheureuse. C'est papa qui veut que je reste !

— Pauvre Brigitte chérie ! Malory n'est pas digne d'elle ! s'écrie Géraldine tandis que Brigitte, irritée, bat en retraite.

Géraldine secoue violemment la tête. Dolly la regarde avec surprise.

— Pourquoi fais-tu cela ? interroge-t-elle.

— Je te l'ai dit, j'ai de l'eau dans les oreilles. Je ne peux pas la faire sortir. J'espère que je ne serai pas sourde demain. J'ai été sourde une fois que j'avais nagé longtemps sous l'eau.

— Oh ! Géraldine, que ce serait drôle si tu étais sourde demain pendant le cours de Mam'zelle ! s'esclaffe Dolly. Je me demande ce qui se passerait !

— Moi, je le devine sans peine ! Espérons que, demain matin, je pourrai entendre !

Chapitre 9
Géraldine a des ennuis

L'affaire de la piscine a de nombreuses conséquences. D'abord, Mary Lou suit désormais Dolly comme un chien fidèle. Elle s'efforce de se rendre utile. Elle met en ordre le pupitre de Dolly, range son linge dans les tiroirs de sa commode. Elle propose même de faire son lit à sa place. Ces prévenances irritent Dolly.

— Laisse-moi donc tranquille ! s'écrie cette dernière. Je suis capable de me débrouiller seule ! Pourquoi ferais-tu mon lit ? Catherine me gronderait si elle s'en apercevait. Occupe-toi de tes affaires !

— Je suis si contente de te rendre service, proteste Mary Lou, les larmes aux yeux. Je veux te remercier de ce que tu as fait pour moi. Sans toi, je me serais noyée ! Je…

— Allons donc ! interrompt Dolly. Tu ne te serais pas noyée. Tu le sais bien. Et j'ai eu tort de gifler Brigitte.

Mais, malgré ses protestations, Mary Lou invente mille manières de lui prouver sa reconnaissance et son affection. Elle met des chocolats dans le pupitre de Dolly, des fleurs sur sa commode. Celle-ci ne cache pas son impatience. Elle ne voit pas que la timide Mary Lou a besoin de protection et lui voue une admiration sans bornes. C'est d'ailleurs une source de plaisanteries pour les autres.

— Qu'as-tu fait de ton ombre ? demande Géraldine lorsque Mary Lou n'est pas derrière Dolly.

— Je voudrais bien qu'on mette des fleurs sur ma commode, déclare Irène.

— C'est tout à fait le genre de Dolly d'encourager ces stupidités ! affirme Brigitte, jalouse des petites attentions de Mary Lou.

— Elle ne les encourage pas, fait remarquer Catherine. Tu le vois bien !

L'affaire de la piscine a une autre conséquence : Brigitte garde une vive rancune contre

Dolly. Jamais personne n'a levé la main sur elle. C'est un souvenir cuisant. Elle se dit qu'elle n'a pas mérité les gifles et elle est bien résolue à se venger.

« Un jour elle me le paiera ! » pense-t-elle.

Enfin, Géraldine devient bel et bien sourde pour avoir nagé trop longtemps sous l'eau. Cette surdité ne durera pas très longtemps, Géraldine le sait. Dans un jour ou deux, ses oreilles se dégageront et elle entendra comme avant. En attendant, après avoir joué la comédie, elle a vraiment perdu l'ouïe ! Que dira Mam'zelle cette fois ? Par malheur, Géraldine est placée au fond de la salle. Jusque-là, elle n'en a pas été gênée. Mais avec ses deux oreilles bouchées, Géraldine ne saura pas ce que dit le professeur.

Pour aggraver les choses, ce n'est pas Mam'zelle Dupont qui fait le cours de français ce jour-là, mais Mam'zelle Rougier. Grande, mince, osseuse, elle est rarement de bonne humeur. Elle a en général une voix basse, mais quand elle se met en colère, les sons discordants qui sortent de son gosier répandent la terreur.

Cette fois-ci, elle a apporté une pièce de théâtre d'un auteur français, avec l'intention de la faire jouer par les élèves à l'occasion d'une fête.

— Aujourd'hui, nous allons simplement lire le texte, annonce Mam'zelle Rougier. Et nous distribuerons peut-être les rôles. Si les nouvelles sont bonnes en français, je leur attribuerai des rôles importants. Je ne crois pas que les anciennes seront jalouses.

Non, les anciennes ne seront pas jalouses et se réjouiront d'avoir moins de répliques à apprendre ! Les nouvelles sourient sans conviction. Elles apprécient peu la délicate attention de Mam'zelle Rougier.

— Géraldine, reprend Mam'zelle, il me semble que vous joueriez très bien le rôle de la soubrette.

Géraldine n'entend pas et ne répond pas. Betty lui donne un coup de coude.

— Mam'zelle te demande si tu veux le rôle de la soubrette ? dit-elle très haut.

— Oh ! pardon, Mam'zelle ! Je n'avais pas entendu, s'excuse Géraldine. Oui, je veux bien un rôle de servante.

— Vous porteriez un petit tablier de dentelle, reprend Mam'zelle.

De nouveau, Géraldine n'entend pas. Betty répète la phrase :

— Mam'zelle dit que tu porterais un petit tablier de dentelle !

Mam'zelle est étonnée. Pourquoi Betty répète-t-elle toutes ses paroles ?

Soudain elle se rappelle ce que Mam'zelle Dupont lui a raconté quelques jours auparavant. Géraldine a fait semblant d'être sourde. Eh bien, elle recommence la même farce, au détriment de Mam'zelle Rougier !

« Ah ! non ! Non ! pense Mam'zelle Rougier. C'est trop fort ! Je ne le supporterai pas ! »

— Géraldine, déclare-t-elle en tapotant son chignon, vous voulez vous moquer de moi et faire rire la classe, n'est-ce pas ? Mais rira bien qui rira le dernier ! Vous copierez cinquante fois en français : *Je ne serai plus jamais sourde pendant le cours de Mademoiselle Rougier.* Et de votre plus belle écriture, s'il vous plaît.

— Qu'avez-vous dit, Mam'zelle ? questionne Géraldine qui n'a entendu que son nom.

— Insolente ! s'écrie Mam'zelle en perdant le peu de patience qu'elle a. Géraldine, écoutez bien. Vous copierez cent fois : *Je ne serai plus jamais sourde pendant le cours de Mademoiselle Rougier.*

— Mais vous avez dit cinquante fois tout à l'heure ! proteste Betty, indignée.

— Vous, vous copierez cent fois : *Je ne dois pas parler quand mon professeur ne m'interroge pas !* tempête Mam'zelle.

Prudemment, les élèves gardent le silence. Au moindre mot, Mam'zelle Rougier donnera à toutes cent lignes à copier, à moins qu'elle ne mette la classe entière en retenue.

Profitant d'un moment où Mam'zelle se penche sur son livre, Betty chuchote à l'oreille de sa voisine, mais voyant que la pauvre Géraldine n'entend rien, elle griffonne un message sur un morceau de papier.

— Il faut que tu copies cent fois : *Je ne serai plus jamais sourde pendant le cours de Mademoiselle Rougier.* Ne répète pas que tu n'as pas entendu ou la punition sera doublée.

Géraldine hoche la tête. Et chaque fois que Mam'zelle lui demande si elle a entendu, elle répond poliment : « Oui, merci Mam'zelle », pour ne pas augmenter la colère du professeur.

À la fin du cours, Miss Potts fait son apparition. Mam'zelle, qui s'apprête à sortir, s'arrête sur le seuil de la porte.

— Hélas, Miss Potts, une de vos élèves, Géraldine, est complètement sourde ! C'est triste, n'est-ce pas ? Une fille si jeune !

Sur cette pique, Mam'zelle disparaît. Miss Potts regarde sévèrement Géraldine.

— Je vous croyais trop intelligente pour répéter cette mauvaise plaisanterie, Géraldine, déclare-t-elle.

Au désespoir, la pauvre Géraldine interroge Miss Potts du regard.

— Quittez votre pupitre et mettez-vous au premier rang ! ordonne cette dernière. Jane, changez de place avec Géraldine, s'il vous plaît. Plus tard, vous déménagerez vos livres.

Jane se lève, ravie d'abandonner le premier rang où elle se trouve sous les yeux de Miss Potts et de s'installer au fond de la classe où l'on peut impunément chuchoter et échanger des billets avec ses voisines. Géraldine ne bouge pas parce qu'elle n'a pas entendu. Soudain ses oreilles se mettent à bourdonner.

— Il faut que tu ailles là-bas ! lui chuchote Betty. À la place de Jane !

Géraldine comprend et est consternée. Quoi ? Quitter le dernier rang, le voisinage de Betty, pour s'asseoir sous l'œil d'aigle des professeurs ? Au premier rang, impossible de s'amuser !

— Miss Potts, commence-t-elle, désespérée, je vous assure que je suis sourde ! Parce que j'ai nagé sous l'eau !

— L'autre jour vous faisiez semblant ! interrompt Miss Potts, impitoyable. Comment puis-je savoir quand vous l'êtes ou quand vous ne l'êtes pas, Géraldine ?

— Eh bien, je le suis cette fois ! insiste la jeune fille, gênée par ses bourdonnements d'oreilles. Je vous en prie, Miss Potts, laissez-moi garder ma place !

— Voyons, Géraldine, reprend le professeur, parlant très haut, si haut que, même sourde, Géraldine puisse l'entendre. Écoutez-moi : si votre surdité n'est qu'une mauvaise plaisanterie, mieux vaut que je vous surveille de près. Si vous êtes vraiment sourde et si vous avez de la peine à m'entendre, il est tout naturel que vous vous rapprochiez de moi. Qu'en pensez-vous ?

Géraldine ne peut qu'approuver. Elle prend donc la place de Jane. Là, elle entend beaucoup mieux. Soudain un phénomène étrange se passe. Elle sent une espèce de déclic dans son oreille gauche, puis dans la droite. Elle secoue la tête. Ses oreilles se sont débouchées. Elle entend aussi bien qu'avant son bain prolongé. Dans sa joie, elle chuchote à Mary Lou, sa voisine :

— Ça y est ! Je ne suis plus sourde !

Seulement Miss Potts a l'ouïe fine, et ce chuchotement ne lui échappe pas.

— Répétez ce que vous venez de dire, Géraldine ! ordonne-t-elle.

— J'ai dit : « Ça y est ! Je ne suis plus sourde ! »

— Parfait ! J'étais sûre que ce changement de place vous guérirait.

— Mais, Miss Potts, je...

— Il suffit ! Vous nous avez fait perdre assez de temps !

Géraldine n'a plus qu'à se taire et faire contre mauvaise fortune bon cœur.

Jane au contraire se réjouit.

— Depuis longtemps j'enviais ta place au fond de la classe, déclare-t-elle pendant la récréation. Et voilà que je l'ai !

— Ce n'est pas juste ! J'étais vraiment sourde ce matin, puis mes oreilles se sont débouchées tout à coup. Miss Potts aurait dû me croire !

Dolly ne peut s'empêcher de rire.

— Géraldine, je ne me moque pas de toi. Mais c'est trop drôle. Tu fais semblant d'être sourde et, quand tu l'es vraiment, personne ne te croit. C'est comme le petit berger qui criait : « Au loup ! » pour s'amuser, et quand le loup a attaqué le troupeau, personne n'est venu à son secours.

— Garde tes sermons pour toi ! grogne Géraldine de mauvaise humeur.

— Je ne fais pas de sermon ! Écoute, je copierai cinquante lignes pour toi. Il te faudrait un siècle pour en copier cent. Je sais que tu détestes écrire. Moi, j'aime bien.

— Merci, répond Géraldine, un peu réconfortée.

Mam'zelle Rougier reçoit donc cent lignes le soir. Elles ne sont pas toutes de la même écriture. Par bonheur pour Géraldine, le professeur n'y fait pas attention.

Chapitre 10

Une amitié inexplicable

Il fait très chaud. Les élèves attendent avec impatience l'heure de la baignade, quand la mer en montant a rempli la piscine. Après une partie de tennis, Dolly trouve délicieux de se plonger dans l'eau fraîche.

Brigitte et Mary Lou, au contraire, rechignent et poussent des cris d'horreur. Elles prétendent que, plus le temps est chaud, plus l'eau leur paraît froide.

— C'est justement ce contraste qui est agréable ! déclare Dolly. Si vous plongiez au lieu d'avancer un pied et de le retirer, vous auriez une sensation délicieuse. Vous êtes des poltronnes toutes les deux !

Des poltronnes ! Ce reproche ne plaît ni à Mary Lou ni à Brigitte. Mary Lou a les larmes aux yeux quand Dolly la taquine pour sa timidité. Pourtant, elle s'efforce de lui rendre service, range les tiroirs de sa commode et son pupitre. Dolly, qui ne retrouve plus les objets où elle les a mis, s'en exaspère.

— Mon crayon rouge a disparu. Et où est mon cahier de géographie ? Je suis si pressée !

Et elle jette tout par terre pêle-mêle, au grand désespoir de Mary Lou.

— Tout était si bien rangé ! s'écrie-t-elle.

— Ne touche plus à mes affaires ! ordonne Dolly. Tu n'as donc rien à faire ? Pour changer, occupe-toi donc de Géraldine qui est encore plus désordonnée que moi. Je passe un temps fou à chercher ce qu'il me faut. À cause de toi, je suis toujours en retard.

— Je voulais t'aider ! gémit Mary Lou.

Être comparée à un fléau quand on ne souhaite que rendre service, c'est bien triste ! Dans l'espoir de plaire à Dolly, elle consacre ses moments de loisir à Géraldine dont les tiroirs et le pupitre sont en effet dans un désordre indescriptible.

Pourtant Géraldine se montre aussi impatiente que Dolly et, quand la pauvre Mary Lou fait tomber la photo de sa mère et casse le verre du cadre, Géraldine lui interdit de toucher à ce qui lui appartient.

— Tu ne vois pas que tu es pénible ? crie-t-elle. Nous n'avons pas besoin de t'avoir toute la journée à nos trousses ! Il faut que j'achète un nouveau cadre. Je devrais te le faire payer !

Mary Lou fond en larmes. Elle a toujours peur quand on élève la voix. Elle sort du dortoir et, dans le corridor, se heurte à Brigitte.

— Tu pleures encore ? Qu'est-ce que tu as ? interroge celle-ci, dont la curiosité n'est pas le moindre défaut.

— Géraldine m'a grondée ! Et Dolly me gronde aussi quand j'essaie de l'aider ! sanglote la pauvre Mary Lou.

— Cela t'étonne ? Géraldine et Dolly sont des pimbêches, Betty aussi, affirme Brigitte qui ne demande qu'à dire du mal de ses camarades. Elles se prennent pour des princesses. Je ne vois pas pourquoi tu tiens tant à leur rendre service !

— J'ai cassé le cadre où Géraldine a placé la photographie de sa mère, explique Mary Lou en s'essuyant les yeux. Elle s'est mise en colère. Je suis bien malheureuse !

— Géraldine ne te pardonnera jamais, tu peux en être sûre, déclare Brigitte. Elle n'a pas fini de te le reprocher. Je te plains, Mary Lou !

Pendant que Brigitte prononce ces mots, une idée lui vient à l'esprit. Ses yeux brillent de joie. Elle a trouvé le moyen de se venger des moqueries de Géraldine et de Dolly. En même temps, elle donnera une leçon à cette idiote de Mary Lou qui la regarde avec curiosité.

— Pourquoi ris-tu, Brigitte? demande celle-ci.

— Pour rien. Je pensais à quelque chose.

Elle glisse son bras sous celui de Mary Lou, stupéfaite de ce geste amical.

— Si tu veux être mon amie, propose-t-elle d'une voix mielleuse, je ne te traiterai pas comme te traitent Dolly et Géraldine. Je ne suis pas moqueuse et méprisante comme elles. Tu acceptes? Moi, je ne te gronderai jamais, je te le promets.

Mary Lou ne paraît pas très convaincue. Brigitte ne lui inspire pas grande sympathie, mais elle lui sourit si gentiment que la timide Mary Lou est presque conquise. Géraldine et Dolly l'ont rabrouée avec tant de brusquerie! Puis, se rappelant que Brigitte l'a maintenue sous l'eau au risque de la noyer, elle se dégage.

— Non, je ne peux pas être ton amie, Brigitte. Tu as été trop méchante avec moi l'autre jour à la piscine. Depuis, je fais des cauchemars!

Brigitte est irritée. Cette petite imbécile

refuse d'être son amie ! Pourtant son sourire ne s'efface pas. Elle reprend le bras de Mary Lou.

— Tu sais bien que je n'avais pas de mauvaises intentions. C'était simplement une plaisanterie. Il n'y a pas longtemps, Jane en a fait autant à Irène. Je regrette de t'avoir poussée dans l'eau. Je ne pensais pas que tu avais si peur.

Quand Brigitte a pris une décision, elle n'en démord jamais. Mary Lou n'a pas la force de résister.

— Puisque tu le veux, Brigitte, soyons amies, répond-elle après une hésitation. Mais je ne veux pas entendre dire du mal de Dolly et de Géraldine.

Brigitte lui serre le bras, lui adresse un autre sourire et s'éloigne pour réfléchir à ses projets.

« C'est merveilleux ! pense-t-elle. Tout le monde sait que Dolly en a par-dessus la tête de Mary Lou qui la suit comme un chien, et bientôt tout le monde saura que cette dernière a cassé le cadre de Géraldine. Je vais jouer quelques tours à Mary Lou, on les attribuera à Dolly ou à Géraldine. Rien ne sera plus facile puisque maintenant, en classe, Géraldine est à côté de Mary Lou.

Elle s'assoit dans le jardin pour dresser ses plans. Quel plaisir d'ennuyer les trois élèves qu'elle déteste ! Mary Lou, qui a peur de tout, sera effrayée et en voudra à Géraldine et à Dolly.

« Si je suis amie avec Mary Lou, personne n'imaginera que c'est moi qui la prends pour tête de Turc, songe Brigitte. Vraiment, je suis très rusée ! Une telle idée ne serait venue à l'esprit d'aucune de mes camarades de première année ! »

Elle ne se trompe pas. Les autres élèves ont bon cœur. Brigitte ne se rend pas compte que son idée, qu'elle croit géniale, ne lui fait pas honneur. Elle est fière de donner une bonne leçon à ces crâneuses !

Elle élabore son projet avec minutie. Elle attendra que Géraldine et Dolly aient la charge de mettre de l'ordre dans la classe, de remplir d'eau les vases de fleurs. Ainsi, tout le monde saura qu'elles ont été seules dans la salle et ont eu la possibilité de glisser quelque chose dans un pupitre ou de prendre un objet.

Elle cachera une sauterelle dans le pupitre de Mary Lou, ou une chenille, ou même une souris si elle peut en trouver une. Non… pas de souris, elle n'oserait jamais en attraper une. Elle n'aime pas beaucoup non plus les sauterelles et les chenilles, mais qui veut la fin veut les moyens !

Elle pourrait aussi prendre les crayons de couleur de Mary Lou pour les dissimuler au fond du pupitre de Géraldine. Un ou deux livres de Mary Lou trouveraient place dans le pupitre de Dolly. Et lorsque Mary Lou découvrirait ces larcins, Brigitte serait là pour lui offrir sa plus vive sympathie.

Brigitte se met aussitôt à la recherche d'insectes. Jane, qui aime jardiner et de temps en temps arrache les mauvaises herbes des parterres, s'étonne de voir Brigitte fureter dans les massifs de fleurs, une truelle à la main.

— Que cherches-tu ? Tu es comme un chien qui a enterré un os !

— Ne dis pas de bêtises ! réplique Brigitte, ennuyée d'avoir été vue. Je ne peux pas faire un peu de jardinage comme toi ?

— Quel genre de jardinage fais-tu ? insiste Jane qui aime toujours les précisions.

— Je bêche, répond Brigitte. C'est bon pour la terre, elle est si sèche !

Jane s'éloigne sans en demander davantage. Brigitte enfonce sa truelle dans la terre. Elle aurait glissé avec plaisir un ver dans le col de Jane… mais Jane n'a probablement pas peur des vers.

Ce n'est pas une occupation agréable, de chercher des vers ou des chenilles ! Brigitte décide donc de se rabattre sur les araignées. Dans la remise, elle en aperçoit une énorme, juste ce qu'il faut pour Mary Lou. Brigitte réussit à introduire la bestiole dans une petite boîte de carton. Puis, enchantée d'elle-même, elle cache la boîte dans sa corbeille à ouvrage, en attendant le moment de s'en servir. Le soir, elle se met à préparer le terrain.

— Aujourd'hui, en cherchant une balle dans les buissons, j'ai mis la main dans une toile d'araignée ! annonce-t-elle. C'était horrible ! Je n'aime pas les araignées !

— Mon frère Sam avait une araignée apprivoisée, commence Géraldine qui a toujours une anecdote à raconter sur sa famille. Il la gardait dans son pupitre.

— Quelle horreur ! s'écrie Mary Lou en frissonnant. J'ai peur des araignées !

— Tu es une vraie froussarde ! déclare Géraldine qui ne lui a pas encore pardonné son cadre cassé. Tu as peur de tout, Mary Lou. J'ai bien envie de prendre une grosse araignée et de te la mettre dans le cou.

Mary Lou pâlit, terrifiée par cette menace.

— J'en mourrais de frayeur ! gémit-elle.

— Poltronne ! s'écrie Géraldine. Attends que j'attrape une araignée !

Brigitte est au comble de la joie. Elle n'en espérait pas tant ! Toutes les élèves de la tour du Nord ont entendu Géraldine. Que souhaiter de mieux ?

« Lundi, Géraldine et Dolly seront de service dans la classe, pense-t-elle. J'attendrai jusque-là ! »

Brigitte et Mary Lou ne se quittent plus, au grand étonnement de Géraldine, de Dolly et de Betty. Comment Mary Lou peut-elle choisir pour amie cette horrible Brigitte, surtout après l'histoire de la piscine ? Et pourquoi Brigitte manifeste-t-elle tant d'affection pour Mary Lou ? C'est inexplicable.

Le moment attendu par Brigitte arrive. Pendant la récréation qui suit le déjeuner, Géraldine et Dolly ont été de service dans la classe. Après leur départ, Brigitte se glisse dans la salle sans être vue, ouvre la boîte et laisse tomber l'araignée dans le pupitre de Mary Lou. L'insecte se cache dans un coin et ne bouge plus…

MS

Chapitre 11

L'araignée

Le premier cours de l'après-midi est consacré à l'arithmétique. Miss Potts écrit au tableau des problèmes qu'il faut résoudre oralement, à la grande joie d'Irène. Les pupitres sont donc restés fermés puisque les élèves n'ont besoin ni de papier ni de livre.

Mam'zelle Dupont succède à Miss Potts. Moins souriante que d'habitude car la chaleur l'incommode, elle prend place devant le grand bureau et ordonne aux enfants de s'asseoir à leur tour.

Les élèves obéissent et soupirent tout bas en pensant à la piscine pleine d'eau fraîche. Il faut cependant répondre aux questions que

Mam'zelle pose en français. Elles le font sans entrain et le professeur s'irrite de leur paresse.

— Ah ! s'écrie-t-elle enfin. Est-ce la chaleur qui vous rend si stupides ? On ne peut pas vous tirer un mot. Prenez vos livres de grammaire, je vous expliquerai quelques règles et vous ferez des exercices.

Les élèves soulèvent les couvercles des pupitres pour prendre leurs manuels. Brigitte guette Mary Lou. Elle est déçue : rien ne se produit. L'araignée est sans doute restée dans sa cachette.

Les enfants ouvrent leur livre à la page indiquée par Mam'zelle. Mary Lou s'aperçoit alors qu'elle a pris son manuel de géographie par erreur. Elle rouvre son pupitre pour faire l'échange. Dérangée, l'araignée sort de sa retraite. Mary Lou pousse un cri et fait claquer à grand fracas le couvercle de son pupitre.

Ses compagnes sursautent. Mam'zelle se lève d'un bond et fait tomber une pile de livres sur le parquet. Elle foudroie son élève du regard.

— Que veut dire ce vacarme, Mary Lou ? Êtes-vous devenue folle ?

Mary Lou ne peut parler. La vue de l'énorme araignée qui court vers elle l'a affolée. Elle repousse sa chaise avec violence, comme si l'araignée était capable de sortir du pupitre fermé pour se jeter sur elle.

— Mary Lou ! tonne Mam'zelle. Dites-moi ce qui vous prend ! Je l'exige !

— Oh ! Mam'zelle ! Il y a... une énorme... une araignée géante dans mon pupitre... balbutie la fillette, blanche comme un linge.

— Une araignée ! répète Mam'zelle. Vous faites tout ce bruit et vous poussez des cris de paon pour une araignée ? Mary Lou, j'ai honte de vous ! Asseyez-vous !

— Oh ! Non. Je n'ose pas ! murmure Mary Lou, tremblante. Elle pourrait sortir ! Mam'zelle, elle est énorme !

Le professeur ne sait pas si elle doit croire ou non à l'existence de cette araignée. Depuis la surdité de Géraldine, elle se méfie de tout.

Irène pousse un éclat de rire bruyant qui redouble la fureur du professeur.

— Nous allons voir si l'araignée est réelle ou non, déclare Mam'zelle. Je vous avertis, Mary Lou, que si c'est une farce, je vous enverrai voir Miss Potts qui vous punira sévèrement.

Elle s'avance vers le pupitre et soulève le couvercle d'un geste dramatique. Retenant sa respiration, Mary Lou fait un bond en arrière, les yeux écarquillés.

Pas d'araignée ! L'insecte a cherché asile dans le coin le plus obscur. Mam'zelle se tourne vers la pauvre Mary Lou.

— Vilaine fille ! s'écrie-t-elle en tapant du pied. Vous, d'habitude si sage et si gentille, vous me jouez des tours ! Je ne le permettrai pas !

— Mam'zelle, croyez-moi, je vous en prie ! supplie Mary Lou au désespoir. C'est vrai… une énorme araignée…

Mam'zelle fourrage parmi les livres.

— Pas d'araignée ! Pas une ! Si elle était là, je la verrais !

Effrayé par ce violent remue-ménage, l'insecte sort de sa cachette, court sur la main de Mam'zelle, monte le long de son bras et disparaît.

Le professeur ne peut en croire ses yeux. Elle pousse un cri encore plus strident que celui de Mary Lou. Elle aussi a peur des araignées et un spécimen géant se promène sur elle ! Irène ne peut cacher sa joie. Cela agit comme un signal. Toutes les enfants éclatent de rire et s'élancent vers Mam'zelle.

— Où est-elle ? La voyez-vous ? gémit Mam'zelle.

— Elle est là ! réplique l'espiègle Géraldine en montrant du doigt les cheveux de Mam'zelle.

Le professeur pousse un hurlement.

— Enlevez-la ! Je vous en supplie, Géraldine, enlevez-la !

— Je crois qu'elle est descendue dans votre cou, Mam'zelle ! annonce Betty.

Tremblante, Mam'zelle manque de faire un malaise.

— Oh ! là ! là ! Oh ! là ! là ! Que je suis malheureuse ! Où est ce monstre ? Jeunes filles, dites-moi où il est !

C'est alors, dans la classe, une véritable cacophonie. Miss Potts, de nouveau dans la salle à côté, tend l'oreille. Que font donc les élèves de première division ? Mam'zelle les a peut-être laissées seules et elles s'en donnent à cœur joie ?

— Continuez vos cartes de géographie, je reviens dans quelques minutes, ordonne-t-elle aux élèves de deuxième année, étonnées elles aussi par le tapage.

Miss Potts sort et ouvre la porte de la classe voisine. Le vacarme l'assourdit. Au premier abord, elle ne voit pas de professeur. Puis elle aperçoit la tête de Mam'zelle qui émerge de la cohue.

— Eh bien ! Que se passe-t-il ? crie-t-elle, mais les élèves ne l'entendent pas.

Irène la voit soudain et donne un coup de coude à sa voisine.

— Attention ! Voici Potty ! chuchote-t-elle.

Ses compagnes reculent et Mam'zelle reste seule. En une seconde, toutes sont à leur pupitre. Mam'zelle, tremblante, se demande la cause de cette débandade.

— Mademoiselle, vraiment! s'écrie Miss Potts, oubliant qu'on ne doit jamais blâmer un professeur devant ses élèves. Vous ne savez pas imposer la discipline pendant vos cours?

Mam'zelle s'aperçoit enfin de la présence de Miss Potts.

— C'est une araignée! explique-t-elle. Ah! Miss Potts, un monstre! Elle a couru sur mon bras et elle a disparu! Ah! Je crois qu'elle est dans mon dos!

— L'araignée n'est pas un animal venimeux, décrète Miss Potts sans manifester de compassion. Reprenez votre calme, mademoiselle. Je vais m'occuper de la première division.

— Ah! non, proteste Mam'zelle, indignée. Les élèves ne sont pas en faute, elles m'aidaient à retrouver cette araignée. Elle est si grosse, Miss Potts!

Miss Potts est incrédule. Le professeur de français exagère sans doute les dimensions de l'araignée. Mam'zelle écarte les doigts pour montrer la taille de l'animal.

Les enfants s'amusent beaucoup. Quel agréable cours de français! Brigitte se réjouit d'être, à l'insu de tous, la cause de ce petit drame. Assise devant son pupitre, elle a l'impression d'être au théâtre. Soudain elle sent quelque chose qui court le long de sa jambe. Elle baisse les yeux. C'est l'araignée ! Depuis un bon moment, l'insecte a quitté les vêtements de Mam'zelle pour se cacher sous un pupitre. Maintenant que le calme semble revenu, l'araignée éprouve le désir de retrouver l'obscurité. Elle monte sur le soulier de Brigitte, sur son mollet, sur son genou. La fillette pousse un cri perçant. Tout le monde sursaute de nouveau. Miss Potts se tourne vers elle.

— Brigitte, sortez ! Comment osez-vous crier ainsi ? Non, ne me dites pas que vous avez vu l'araignée ! J'en ai assez des araignées ! Je vais toutes vous mettre en retenue !

Réprimant ses cris, Brigitte tremble d'horreur et de dégoût.

— C'est l'araignée... balbutie-t-elle.

— Brigitte, je l'ai déjà dit, je ne veux plus entendre parler d'araignées ! Sortez de la classe ! La première division se couchera une demi-heure plus tôt ce soir en punition de cette conduite inqualifiable ! Et vous, Brigitte, une heure plus tôt !

En larmes, Brigitte sort. Elle regarde si l'araignée est encore sur elle. À son grand soulagement, elle la voit courir dans le corridor. Elle s'appuie contre le mur. Maudite bête d'avoir choisi sa jambe et non celle de Mary Lou ! Enfin, elle s'arrangera pour que l'on croie que ce sont Géraldine et Dolly qui ont mis l'araignée dans le pupitre de Mary Lou. Horrible Miss Potts qui s'en prend à elle comme cela ! Est-ce sa faute si l'araignée est montée sur son mollet ?

À ce moment, Miss Potts sort de la salle. Elle regarde froidement Brigitte.

— Miss Potts, l'araignée vient de partir par là ! annonce Brigitte en montrant du doigt la direction prise par la bestiole, avec l'espoir de regagner les bonnes grâces du professeur.

Sans l'écouter, Miss Potts entre dans la classe de la seconde division et referme la porte. Brigitte se retrouve seule. Que faire maintenant ? Rester ici ou rejoindre ses compagnes ? Elle ne tient pas à se trouver en face de Mme Grayling, si par hasard la directrice passe par là. Elle décide de retourner en classe.

— Qui vous a permis de revenir ? demande Mam'zelle, honteuse de sa conduite et prête à passer sa colère sur la première venue. Avec vos cris, vous avez fait sursauter Miss Potts !

— Mais, Mam'zelle, vous avez crié, vous aussi ! proteste Brigitte, vexée. Plus fort que moi, je crois !

Mam'zelle se redresse de toute sa taille. Ses yeux noirs jettent des éclairs.

— Insolente ! Vous osez me parler sur ce ton, à moi, votre professeur ? Vous m'accusez de… Vous… Vous…

Brigitte tourne les talons et s'enfuit. La possibilité d'une rencontre avec Mme Grayling l'effraie moins que la rage de Mam'zelle.

Chapitre 12

L'étrange conduite d'Edith

Avant la fin de la journée, toute l'école est au courant de « l'affaire de l'araignée », selon l'expression adoptée. C'est un inépuisable sujet de plaisanteries. En l'apprenant, Mam'zelle Rougier fronce les sourcils.

— Dire qu'un professeur a pu être si stupide ! murmure-t-elle. Moi, je n'ai pas peur des araignées, ni des chenilles, ni même des serpents. Mlle Dupont devrait avoir honte de s'être donnée en spectacle !

Les élèves de première division parlent longtemps de l'incident. Elles rient aux éclats en pensant à Mary Lou, à Mam'zelle et à Brigitte, toutes les trois victimes de la même araignée.

— C'est une araignée bien maligne ! s'écrie Irène. Elle s'est attaquée aux seules personnes qui redoutent les insectes. Un bon point pour elle !

— Je ne sais pas pourquoi elle a choisi mon pupitre ! gémit Mary Lou.

— Je me le demande aussi ! appuie Brigitte. Pauvre Mary Lou ! Quelle frayeur pour toi ! Qui donc t'a joué ce mauvais tour ?

Il y a un silence. Pour la première fois, les élèves ont l'idée que l'araignée ne se trouvait pas par hasard dans le pupitre de Mary Lou. Elles s'interrogent du regard.

— C'est très mal d'avoir fait cela à Mary Lou, déclare Jane. Ce n'est pas sa faute si elle est si craintive. Il aurait mieux valu choisir le pupitre d'une autre, par exemple celui de Géraldine.

— Mais c'est peut-être elle justement qui a voulu faire peur à Mary Lou ! Tu aimes tant taquiner les autres, n'est-ce pas, Géraldine ? Dolly et toi, vous vous trouviez dans la classe avant le cours de l'après-midi. Et tu as dit que tu aimerais mettre une araignée dans le cou de Mary Lou. Personne ne l'a oublié, j'en suis sûre !

C'est Brigitte qui a parlé. Géraldine se tourne vers elle.

— Je l'ai dit, mais je ne l'ai pas fait ! affirme-t-elle. Dolly non plus. Je regrette de te décevoir, Brigitte Mary, mais nous ne sommes coupables ni l'une ni l'autre. Si c'est quelqu'un, je pense plutôt que c'est toi.

— Mary Lou est mon amie ! proteste Brigitte. Pour rien au monde, je ne l'effraierais !

— Il n'y a pas si longtemps, tu lui tenais la tête sous l'eau. Tu es donc bien capable d'enfermer une araignée dans son pupitre, fait remarquer Dolly.

— Mais Géraldine et toi, vous étiez seules dans la classe avant le cours de l'après-midi, persiste Brigitte, furieuse d'être accusée.

— Tais-toi ! ordonne Catherine. Nous croyons Géraldine et Dolly sur parole. L'araignée s'est trouvée là par hasard, un point c'est tout !

— Moi, je suis sûre que... commence Brigitte.

Mais les élèves se mettent à crier toutes à la fois :

— Tais-toi, Brigitte ! Brigitte, tais-toi !

Exaspérée, cette dernière est réduite au silence. Son idée se termine par un fiasco, et elle n'y gagne qu'une punition. Les élèves de première division doivent se coucher une demi-heure plus tôt, mais jamais elles n'ont tant ri !

Brigitte décide de ne pas se laisser décourager par ce premier échec. Elle continuera à tourmenter Mary Lou jusqu'au moment où Géraldine et Dolly seront soupçonnées. Et alors elle les dénoncera elle-même à Miss Potts.

Une fois de plus, elle est déçue dans ses espoirs.

Elle a un devoir à rendre au professeur et elle le lui apporte dans le petit bureau que Miss Potts partage avec Mam'zelle Dupont dans la tour du Nord.

— Miss Potts, j'ai été stupide d'avoir peur de l'araignée l'autre jour, commence-t-elle. Géraldine et Dolly étaient dans la classe avant le cours. Je suis sûre que ce sont elles qui ont apporté l'araignée. Géraldine avait menacé...

Miss Potts lève la tête.

— Taisez-vous ! ordonne-t-elle. Si vous cherchez à faire punir vos compagnes, elles vous rejetteront pour de bon. C'est ce qui arrive aux rapporteuses !

La fillette rougit. Rapporteuse ! Miss Potts la traite de rapporteuse, elle, Brigitte Mary Lacey ! Elle a envie de pleurer, mais Miss Potts n'aime pas les larmes. Elle sort du bureau, sans oser refermer bruyamment la porte comme elle l'aurait fait chez elle.

Elle s'apitoie sur son triste sort. Si sa mère savait les humiliations qu'elle a à endurer dans cette horrible école ! Miss Winter aussi serait indignée. Brigitte est moins sûre des réactions de son père. Peut-être approuverait-il Miss Potts !

La semaine s'écoule. Une semaine très agréable, car le beau temps persiste et permet sports en plein air et baignades. Géraldine et Betty s'exercent pour les concours de fin d'année. Toutes les deux sont d'excellentes nageuses. Dolly se pique au jeu, sans arriver à les égaler, mais se montre une intrépide plongeuse.

Mary Lou est la seule à ne pas partager la joie générale. La malchance, semble-t-il, s'acharne contre elle et elle passe d'une catastrophe à l'autre. Dans le vestiaire, sa jupe d'uniforme tombe dans une flaque d'eau. Elle porte le vêtement trempé à Mme Walter qui manifeste son mécontentement.

— Mary Lou, suspendez mieux votre jupe ! Vous savez que le carrelage du vestiaire est toujours mouillé lorsque les élèves reviennent de la piscine.

— Je l'ai suspendue, madame Walter, proteste timidement la fillette. J'en suis sûre !

Puis elle remarque que sa raquette de tennis a un trou au milieu. Mary Lou est bouleversée.

— Ma raquette neuve ! s'écrie-t-elle. Regarde, Brigitte ! Elle ne valait donc rien. Pourtant maman l'a payée très cher. Quel voleur, ce marchand !

— Mais non ! marmonne Brigitte en faisant semblant d'examiner de près la raquette. Ce n'est pas la faute du marchand. Quelqu'un a coupé les cordes. C'est affreux !

Mary Lou se refuse à croire à tant de méchanceté. Mais lorsqu'elle constate que son manteau du dimanche n'a plus un seul bouton, elle doit se rendre à l'évidence. Par bonheur, Brigitte est là pour la consoler.

— Ce n'est rien ! Je te les recoudrai. Je déteste la couture, mais je ferai ça pour toi, Mary Lou.

En effet, Brigitte recoud les six boutons marron avec de grandes protestations d'amitié, à l'immense surprise de ses compagnes, car elle ne fait son propre raccommodage que contrainte et forcée par Mme Walter.

— Comment ces boutons sont-ils tombés ? questionne Jane.

— Je voudrais bien le savoir ! riposte Brigitte. Six boutons arrachés ! Je les recouds pour

Mary Lou parce que j'ai pitié d'elle et que je tiens à l'aider. J'aimerais savoir aussi qui a crevé sa raquette de tennis.

Les élèves de première division restent pensives. C'est bizarre, tous ces accidents qui arrivent à Mary Lou ! Un de ses livres a disparu ainsi que ses crayons de couleur. On les retrouve dans le pupitre de Géraldine. D'abord on n'y attache pas d'importance, puis on se demande qui les a mis là. Pas Géraldine. Géraldine est au-dessus de tout soupçon.

La mi-trimestre approche. Les élèves l'attendent avec impatience. Beaucoup d'entre elles reçoivent la visite de leurs parents. C'est le cas de Dolly. Toutes les filles font mille projets.

— Je voudrais bien que mes trois frères accompagnent mes parents, déclare Géraldine. Ils sont si amusants !

— Moi, j'espère qu'on amènera ma petite sœur, dit Jane. Il faut bien qu'elle connaisse le pensionnat où elle entrera dans trois ans.

— Ta mère viendra-t-elle, Edith ? demande Mary Lou.

— Non, répond Edith. Elle habite trop loin.

Quelques semaines plus tôt, Mme Rivers a écrit à Dolly qu'elle a fait la connaissance de

Mme Hope, la mère d'Edith, et que toutes les deux ont sympathisé. Et que le bébé de Mme Hope, âgé de quatre mois, est un amour. Dolly a oublié d'en faire part à Edith. Maintenant ce souvenir lui revient.

— Ta mère ne peut sans doute pas quitter ta petite sœur, Edith, fait-elle remarquer.

Edith se raidit. Son visage pâlit.

— Je ne sais pas ce que tu veux dire, rétorque-t-elle d'une voix étranglée. Je n'ai pas de petite sœur, je suis fille unique. Maman ne peut pas venir parce que le voyage serait trop long.

Dolly ouvre de grands yeux.

— Voyons, Edith, tu racontes des bêtises ! s'écrie-t-elle. Maman m'a écrit qu'elle avait vu ta petite sœur. Elle a quatre mois, paraît-il, et c'est un amour de bébé.

— Je n'ai pas de petite sœur ! répète Edith d'une voix étrange. Je suis fille unique. Et j'espère bien le rester !

Les élèves la regardent avec curiosité. Qu'a-t-elle donc ? Pourquoi parle-t-elle avec tant de violence ?

— Je me suis sans doute trompée, convient Dolly, gênée. Tu dois le savoir mieux que moi. Moi, je n'aimerais pas être fille unique. Je suis bien contente d'avoir Rosemary.

— Je détesterais avoir une sœur ! s'exclame

Edith d'un ton catégorique. Je ne veux pas partager l'affection de ma mère !

Elle sort de la salle, les yeux flamboyants, laissant ses compagnes intriguées.

— Quelle drôle de fille ! fait remarquer Irène. Elle parle à peine. On ne sait jamais ce qu'elle pense. C'est la première fois que je la vois en colère.

— J'écrirai à maman qu'elle s'est trompée, décide Dolly.

Un peu plus tard dans la journée, elle rencontre Edith.

— J'ai écrit à maman qu'elle avait confondu avec une autre personne et que tu n'as pas de petite sœur, dit-elle.

Edith s'arrête et regarde Dolly comme si elle avait envie de la gifler.

— De quoi te mêles-tu ? crie-t-elle. Laisse ma famille tranquille, espèce d'espionne ! Il faut toujours que tu t'occupes des affaires des autres !

Dolly prend très mal ce reproche.

— Ce n'est pas vrai ! Je n'avais pas l'intention d'être indiscrète et je ne sais pas pourquoi tu fais toutes ces histoires. Ou tu as une sœur, ou tu n'en as pas. Cela m'est égal !

— Et ta mère, est-ce que cela la regarde ?

réplique Edith, de plus en plus en colère. Elle n'a pas de choses plus intéressantes à t'écrire ?

— Bien sûr que si ! réplique Dolly, exaspérée. À t'entendre, on croirait qu'il y a un mystère. Je verrai ce que maman me répondra et je t'en ferai part.

— Je ne veux pas le savoir ! hurle Edith, les mains tendues pour repousser Dolly. Je te déteste, Dolly Rivers, toi et ta mère qui va venir te voir, t'envoie des paquets et t'écrit de longues lettres ! Tu t'en vantes sans cesse ! Tu veux me faire de la peine ! Tu es mauvaise !

Dolly reste muette d'étonnement. Que signifient ces curieuses paroles ? Déconcertée, elle suit des yeux Edith qui sort de la salle.

Chapitre 13

La mi-trimestre, enfin !

L'impatience augmente à mesure qu'approche la mi-trimestre. Les élèves ne tiennent plus en place. Beaucoup d'entre elles recevront des visites ce samedi. Miss Remington, le professeur de sport, organise un concours de natation.

— Il fait si beau ! déclare-t-elle. Tout le monde sera content d'être au bord de l'eau. Vos parents applaudiront vos prouesses nautiques. Il y aura après un excellent goûter. Je sais qu'on servira des fraises à la crème et des quantités d'autres bonnes choses.

Que de plaisirs en perspective !

À cette idée, Dolly rit toute seule. Elle a fait de grands progrès en natation, aussi se promet-elle d'émerveiller son père et sa mère. Puis elle se régalera de fraises à la crème. Que demander de mieux ?

Mais le mercredi avant la fête, quand Mme Grayling lit les notes, elle éprouve une vive déception. Au lieu d'être troisième ou quatrième ainsi qu'elle s'y attendait, elle est vingt et unième. Elle peut à peine en croire ses oreilles ! Catherine est première, Géraldine cinquième, Betty quatorzième, Brigitte dernière. Mary Lou est vingt-troisième, pas très loin après Dolly.

Dolly est stupéfaite. Sur les trente filles de sa division, vingt ont été meilleures qu'elle. Sûrement, en comptant les points, on a fait une erreur !

Pendant la récréation, elle va frapper à la porte du bureau de Miss Potts.

— Miss Potts... commence-t-elle timidement, car le professeur a devant elle une grosse pile de cahiers à corriger, excusez-moi de vous déranger. Puis-je vous demander quelque chose ?

— De quoi s'agit-il ? interroge Miss Potts en levant la tête.

— C'est à cause de ma place de vingt et unième. Suis-je vraiment si bas ?

— Voyons un peu ! répond le professeur

en consultant une liste. Oui, en effet, vous m'avez surprise et déçue, Dolly. Vous aviez si bien travaillé pendant les deux premières semaines !

— Mais... veut protester la fillette avant de s'interrompre.

Elle n'ose pas dire qu'elle se sait plus intelligente que la plupart des autres élèves de sa division et qu'elle devrait avoir de meilleures notes. Ce sont des choses dont on ne peut se vanter. Miss Potts devine sa pensée.

— Vous vous étonnez d'avoir une si mauvaise place, alors que vous pourriez facilement être parmi les premières. Je vais vous en donner la raison. Certaines élèves, comme Géraldine, peuvent se dissiper en classe, jouer des tours à leurs professeurs et cependant se distinguer dans leurs études. D'autres, et c'est votre cas, malgré leur intelligence ne peuvent à la fois s'amuser et travailler. Celles-là, le jour des notes, ont des surprises désagréables. Comprenez-vous ?

Dolly rougit. Elle voudrait rentrer sous terre. Elle hoche la tête.

— Je comprends, affirme-t-elle d'une voix tremblante. J'ai eu tort. Papa et maman auront du chagrin.

— Probablement, approuve Miss Potts en

reprenant son stylo. Si j'étais vous, je laisserais Géraldine et Betty faire leurs farces toutes seules. Montrez que vous avez de la volonté, consacrez-vous à votre travail. À part quelques exceptions comme Géraldine, les gens doivent donner tout leur cœur à leur tâche s'ils veulent la mener à bien.

— C'est également la conception de papa ! Il est chirurgien et tout dévoué à ses malades.

— Suivez son exemple. Et préparez-vous à vous rendre utile plus tard en faisant de bonnes études.

Dolly sort du bureau, remplie de sages résolutions et décidée à travailler au lieu de s'amuser.

Mme Lacey, la mère de Brigitte, et Miss Winter, son ancienne gouvernante, ont annoncé leur visite. Brigitte se prépare à les éblouir. Elle écrasera Miss Winter du poids de sa supériorité.

Les parents de Mary Lou ont un empêchement et ne peuvent venir. En l'apprenant, celle-ci verse des larmes amères. Brigitte s'efforce de la consoler.

— Ne pleure pas, Mary Lou ! Tu resteras avec moi toute la journée. Je te présenterai à maman et à Miss Winter. Je ne t'abandonnerai pas.

Mary Lou ne tient pas beaucoup à passer la journée avec Brigitte. Les compliments dont celle-ci l'accable ne lui font aucun plaisir, et elle ne se laisse pas impressionner par les grands airs de sa camarade.

Mais Brigitte a besoin de quelqu'un pour l'écouter, et, sans avoir d'affection véritable pour Mary Lou, elle ne peut se passer de sa compagnie.

Lorsqu'elle apprend que les parents de Mary Lou ne viendront pas pour la mi-trimestre, Dolly se met à la recherche de cette dernière.

— Veux-tu passer la journée avec papa, maman et moi? questionne-t-elle. Nous irons au restaurant et nous reviendrons à temps pour le concours de natation.

Le cœur de Mary Lou bondit de joie. Partager avec Dolly la fête de la mi-trimestre, que rêver de mieux? Quelque temps auparavant, Dolly l'a traitée de fléau, mais maintenant elle a la gentillesse de l'inviter. Puis Mary Lou se rappelle la proposition de Brigitte et son visage s'assombrit.

— Oh! soupire-t-elle. Brigitte m'a déjà demandé d'aller avec elle et j'ai accepté.

— Va lui dire que papa et maman aimeraient faire ta connaissance et que tu viendras avec nous, conseille Dolly. Je ne crois pas qu'elle en fera une maladie.

— Je n'oserai jamais, réplique la timide Mary Lou. Elle serait fâchée. Elle ne t'aime pas beaucoup, tu le sais...

— Avoue que tu préfères la compagnie de Brigitte à la mienne ! lance Dolly, irritée par le manque de courage de Mary Lou. N'en parlons plus !

— Dolly, comment peux-tu dire cela ? s'écrie Mary Lou, presque en larmes. J'aimerais cent fois mieux sortir avec toi !

— Alors avertis Brigitte. Tu as peur d'elle ? Poltronne !

— Ne me répète pas tout le temps cela ! Va toi-même avertir Brigitte.

— Ah ! Non. Débrouille-toi seule ! En y réfléchissant, je ne suis pas sûre de vouloir un bébé comme toi avec nous pendant toute la journée de la mi-trimestre !

Elle s'éloigne, laissant Mary Lou à sa désolation. Jane, qui a tout entendu, a pitié de cette dernière. Elle court rejoindre Dolly.

— Tu as été trop dure ! lui reproche-t-elle avec son accent écossais.

— C'est pour son bien ! Elle a besoin d'être secouée. Je cherche à lui donner le courage d'affronter Brigitte.

— Tu ne la guériras pas de sa timidité. Tu lui fais de la peine, c'est tout.

Jane ne se trompe pas : Mary Lou est au désespoir. Pourtant l'offre de Dolly est si tentante qu'elle va trouver Brigitte, mais en sa présence elle ne peut articuler un mot.

Brigitte a appris que Mary Lou a été invitée par Dolly pour la mi-trimestre et la félicite de n'avoir pas accepté.

— Quelle audace elle a, cette Dolly ! déclare-t-elle. Elle savait bien que tu étais déjà prise. Tu as bien fait de l'envoyer promener. Tu ne voudrais pas sortir avec une fille qui te traite tout le temps de poltronne ?

— Non, balbutie Mary Lou, la gorge serrée, furieuse contre elle-même de ne pouvoir dire la vérité.

C'est enfin le jour de la mi-trimestre. Les filles s'éveillent de bonne heure. Le ciel se teinte de rose. La journée sera superbe. La mer rayonne au soleil, unie comme un miroir. La marée sera haute à deux heures, juste à temps pour remplir la piscine. Tout s'annonce sous les plus heureux auspices.

Les élèves disposent des sièges pliants autour de la piscine à l'intention des spectateurs. Dolly va et vient en chantant, heureuse à l'idée de revoir ses parents. Mary Lou ne partage pas la gaieté générale. Edith Hope, elle aussi, fait triste mine : ni l'une ni l'autre n'attendent de visites.

Géraldine, elle, est plus exubérante que jamais. Son père et sa mère viendront avec l'un de ses frères. Betty, qui n'aura personne, sortira avec une amie.

Dolly aperçoit Edith qui se dirige vers la piscine, chargée de sièges, et est frappée par son air triste. Impulsivement, elle l'appelle.

— Hé! Edith! Edith Hope! Tes parents ne viennent pas, n'est-ce pas? Veux-tu sortir avec nous? Je suis libre d'inviter qui je veux.

— Non, merci, réplique Edith d'une voix contrainte, avant de s'éloigner sans ajouter un mot.

«Quelle drôle de fille!» pense Dolly, vexée d'avoir si peu de succès dans ses invitations.

À qui pourrait-elle s'adresser? Mme Rivers, dans sa dernière lettre, lui a proposé de se choisir une compagne. «*Ta meilleure amie*», a-t-elle ajouté.

Mais Dolly n'a pas de meilleure amie. Elle aime assez Géraldine, mais celle-ci lui préfère Betty. Irène lui plaît aussi, mais cette dernière, absorbée par la musique et les mathématiques, se suffit à elle-même.

«Si j'invitais Emily?» pense Dolly.

Elle n'est pas particulièrement attirée par

Emily qui se passionne pour la broderie et la couture, mais ses parents ne viennent pas et personne ne l'a invitée.

Elle propose donc à la fillette, qui rougit de plaisir et accepte avec reconnaissance, surprise d'une telle aubaine. Mary Lou verse quelques larmes en les voyant se diriger toutes les deux vers les grilles de Malory pour y attendre M. et Mme Rivers. Si elle avait un peu plus de courage, c'est elle qui accompagnerait Dolly ! Quel malheur d'être si craintive !

Chapitre 14

Une journée de fête

Bientôt, de tous côtés, des voitures affluent vers Malory. Des parents en descendent et leurs filles les accueillent avec des cris de joie.

— Maman ! Papa ! Je suis si contente que vous soyez venus de bonne heure !

— Maman ! Enfin te voilà ! Quel bonheur de te revoir !

Dolly attend aussi ses parents. Elle reconnaît de loin la voiture noire de son père. Sa mère est assise près de lui, vêtue d'une élégante robe neuve achetée pour l'occasion.

Dolly file vers eux comme une flèche et manque de renverser Brigitte qui s'avance à la rencontre de sa mère. Elle se jette au cou de ses parents.

— Maman, je t'attendais avec impatience ! Je suis si heureuse ! Bonjour, papa ! Tu as pu te libérer ?

— Bonjour, chérie, la salue sa mère en l'embrassant avec tendresse.

Brunie par le soleil, Dolly a les joues roses de plaisir. Ses yeux brillent. M. Rivers fait remarquer qu'elle a grandi.

Tout en discutant, elle les entraîne vers le collège.

— Vous verrez mon dortoir et le lit où je couche ! De là-haut, nous avons une très belle vue !

Dans son excitation, elle a oublié Emily. En l'apercevant, elle s'arrête.

— Maman, tu m'as permis de choisir une camarade pour nous accompagner. Voici Emily Lake, une élève de ma division.

Mme Rivers regarde Emily et semble surprise. Comment Dolly a-t-elle pu se lier avec une fille si calme et si transparente ? Elle ne sait pas encore que Dolly n'a pas d'amie intime. Cependant elle accueille Emily avec gentillesse et se déclare enchantée de la connaître.

Cette dernière leur emboîte le pas pendant la visite de l'établissement, sans se joindre au bavardage de Dolly. M. et Mme Rivers lui plaisent. Ils sont si simples et si gais, et inspirent confiance à première vue.

Fière de ses parents, Dolly veut les présenter à tout le monde. Elle aperçoit Brigitte avec deux personnes : sa mère, et une femme d'une cinquantaine d'années, laide et mal habillée. Sûrement l'ancienne gouvernante, cette Miss Winter dont Brigitte parle sans cesse et accuse injustement de sévérité.

Près d'elles, Mary Lou essaie de sourire mais se sent horriblement malheureuse. Mme Lacey et Miss Winter ne lui sont guère sympathiques et les mensonges que débite Brigitte l'exaspèrent.

— Je suis la meilleure joueuse de tennis de notre promotion, explique Brigitte. Je ne serais pas surprise qu'on me choisisse pour le tournoi de fin d'année.

— Chérie, tu es si adroite! s'exclame Mme Lacey.

Mary Lou regarde Brigitte avec surprise. Tout le monde sait qu'elle manque toutes les balles.

— Mam'zelle est très satisfaite de mon accent en français, continue Brigitte. À chaque cours, elle me fait des compliments.

Miss Winter se rengorge :

— Que je suis contente! Bien sûr, j'ai fait de mon mieux, mais je ne suis jamais allée en France.

Mary Lou meurt d'envie de révéler que Brigitte est toujours la dernière en français, mais elle n'ose pas. Que diront M. et Mme Lacey quand ils verront les notes de leur fille?

— Prendras-tu part au concours de natation ? demande Mme Lacey en regardant tendrement sa fille qui, les cheveux flottant sur les épaules, lui paraît la plus jolie de toutes les élèves.

— Non, maman, j'ai refusé. Je n'ai pas voulu éclipser les autres. J'ai tant de succès dans les sports et les études !

— Je reconnais bien là ma Brigitte ! s'écrie Mme Lacey. Tu ne penses jamais à toi, ma chérie !

Mary Lou écoute avec indignation. Soudain Dolly passe avec sa mère, son père et Emily. Mme Lacey est frappée par sa physionomie ouverte et son sourire joyeux.

— Voilà une charmante fille ! déclare-t-elle à Brigitte. C'est une de tes amies ? Allons lui parler.

— Oh ! Non, ce n'est pas mon amie... commence Brigitte.

Mais Mary Lou, heureuse de cette diversion, appelle déjà Dolly :

— Dolly ! Dolly ! Mme Lacey veut te parler !

Dolly s'approche donc, sans grand plaisir.

— Participez-vous au concours de natation ? demande Mme Lacey. Brigitte a refusé.

— Brigitte ? Elle est bien incapable de faire une seule brasse, réplique Dolly. Il lui faut une heure pour se décider à simplement faire trempette !

Dolly parle gaiement, avec gentillesse, mais Brigitte l'étranglerait volontiers. Elle devient rouge comme une pivoine. Mme Lacey croit que Dolly plaisante et se met à rire.

— Si Brigitte prenait part au concours, elle finirait sans doute la première, déclare-t-elle. Comme au tennis et en français.

Dolly écarquille les yeux.

— Brigitte se vante : elle est la dernière en tout ! s'exclame-t-elle en riant avant de courir rejoindre ses parents.

— Elle ne sait sûrement pas ce qu'elle dit, murmure Miss Winter, stupéfaite.

Brigitte a un rire forcé.

— Dolly est une pimbêche, ment-elle. Personne ne l'aime. Elle n'a aucune amie, ce qui n'est pas étonnant. Elle est jalouse de moi, je suppose. Ne fais pas attention à elle, maman. Mary Lou vous dira que je suis la meilleure élève de Malory.

Mais ce mensonge ne peut franchir les lèvres de la timide Mary Lou. Plus effarouchée que jamais, elle balbutie qu'elle a une commission à faire à Mam'zelle et disparaît, heureuse de fuir la famille Lacey pendant quelques minutes.

Après avoir visité la tour du Nord sous la conduite de Dolly, les Rivers retournent à leur voiture. Edith se trouve sur leur chemin.

— C'est Edith Hope ! s'exclame Mme Rivers en s'arrêtant. Je la reconnais. Sa mère m'a montré sa photo.

— Oui, c'est Edith, répond Dolly. Veux-tu lui parler, maman ?

— Mme Hope m'a chargée d'un message pour elle.

— Edith ! crie Dolly de sa voix claire. Maman a quelque chose à te dire.

Cependant, Edith fait la sourde oreille. Au lieu de s'approcher, elle tourne les talons et s'enfuit dans la direction opposée.

— Elle m'a pourtant entendue, fait observer Dolly. Je l'ai invitée à sortir avec nous, maman, mais elle a refusé.

— Venez! ordonne son père en ouvrant la portière de la voiture. Il faut nous mettre à la recherche d'un restaurant.

Tous les quatre montent en voiture. Emily ne se montre guère exubérante. Mais Mme Rivers, qui la prend pour la meilleure amie de Dolly, la trouve intelligente et gentille.

Peu à peu, d'ailleurs, Emily se détend et, au grand étonnement de Dolly, se met à bavarder. Elle décrit ses travaux de couture et de broderie.

— Dolly ne sait pas tenir une aiguille, déclare Mme Rivers. Si vous lui serviez de professeur, je vous en serais reconnaissante.

— Je lui apprendrai le tricot et la tapisserie, promet Emily.

Peu enchantée par cette perspective, Dolly fait la grimace. Elle se hâte de changer le sujet de la conversation et raconte les mensonges que Brigitte a débités à sa mère et à sa gouvernante.

Ils arrivent bientôt à une jolie auberge fleurie de géraniums. Dans la salle fraîche, ornée de cuivres étincelants et de vieux objets en étain, ils font honneur à un succulent repas, mais Dolly et Emily refusent de reprendre de la tarte en prévision des fraises à la crème du goûter.

Quand ils se lèvent de table, l'heure est venue de retourner à Malory. Emily, qui ne participe pas au concours de natation, promet de trouver de bonnes places pour M. et Mme Rivers. Dolly va revêtir son maillot de bain.

Quelle belle journée ! On ne voit que des visages souriants. Les deux Mam'zelles elles-mêmes causent gaiement entre elles, ce qui ne leur est pas arrivé depuis le début du trimestre.

Le concours de natation a beaucoup de succès. Mme Rivers admire sa fille qui plonge avec grâce et hardiesse. Après Géraldine et Betty, Dolly est la meilleure de sa division. Parmi les grandes de sixième année, Evelyne, qui est capitaine des jeux, est particulièrement applaudie.

— Serais-tu capable de l'imiter, chérie ? demande Mme Lacey à Brigitte.

Cette dernière jette un regard autour d'elle et, apercevant Dolly non loin de là, trouve la question gênante.

— Pas tout à fait, répond-elle.

Miss Winter lui tapote l'épaule.

— Vous êtes toujours trop modeste, dit-elle.

Dolly a de la peine à s'empêcher de rire à l'idée d'une Brigitte modeste. Comment Mary Lou, assise près de Mme Lacey, peut-elle entendre ces énormités sans protester ?

À l'heure du goûter, les élèves distribuent aux parents les fraises à la crème, les gâteaux et les glaces. Malgré l'excellent déjeuner qu'elles ont fait, Dolly et Emily se régalent.

— Maman, voici de nouveau Edith Hope ! s'écrie brusquement Dolly en apercevant au loin cette dernière. Je vais la chercher. À propos, tu as fait une erreur, tu sais. Edith n'a pas de petite sœur. Elle est fille unique.

— Voyons, Dolly, je suis sûre de ne pas me tromper ! proteste sa mère. Mme Hope m'a montré son bébé, une mignonne petite fille.

— Que signifie ce mystère ? murmure Dolly. Il faudra l'éclaircir !

Chapitre 15

Une dispute

Edith a déjà disparu. Dolly se demande si elle l'évite. Mais pourquoi ?

Intriguée, la fillette retourne auprès de ses parents. Elle ne veut pas perdre une minute de leur présence. Déjà, la journée touche à sa fin.

— Impossible de trouver Edith ! déclare-t-elle. Sa mère t'avait chargée de lui dire quelque chose, maman ? Qu'est-ce que c'est ? Je le lui transmettrai demain.

— Mme Hope est un peu inquiète. C'est le premier trimestre qu'Edith passe en pension. Elle écrit très rarement et très brièvement. Sa mère se demande si elle est heureuse. On dirait qu'elle n'a plus d'affection pour les siens et elle ne raconte rien de sa nouvelle vie. Mme Hope m'avait chargée de l'interroger et de lui dire qu'elle avait bien regretté de ne pouvoir venir passer la journée de mi-trimestre à Malory. Je devais l'embrasser de sa part et de la part de la petite sœur.

— Je le lui répéterai, promet Dolly. Vraiment, Edith est très bizarre… Elle m'a affirmé qu'elle n'avait pas de sœur et elle m'a interdit de lui parler de sa mère. Elle m'a même dit que je me mêlais de ce qui ne me regardait pas.

— Elle plaisantait peut-être, répond Mme Rivers qui ne sait que penser. Edith sait bien qu'elle a une petite sœur à la maison. C'est pour cette raison qu'on l'a mise en pension. Les Hope n'ont qu'un tout petit appartement. Ils espèrent déménager bientôt et le bébé, qui est de santé délicate, exige beaucoup de soins.

— As-tu eu des accès de colère ? demande soudain le docteur Rivers.

Dolly rougit.

— Oui, une fois, avoue-t-elle. Mais après, j'ai décidé de ne plus jamais m'emporter.

— Oh ! Dolly, que s'est-il passé ? interroge anxieusement sa mère.

Emily répond à la place de Dolly.

— Elle a simplement donné deux gifles à une fille exaspérante. Des gifles qui ont claqué, je vous prie de le croire ! Brigitte avait des marques rouges sur les joues.

— Dolly ! s'écrie sa mère, indignée.

— C'est affreux, n'est-ce pas ? Je ne recommencerai pas. C'est promis.

— Brigitte avait mérité une bonne leçon, reprend Emily. Nous avions toutes envie de la gifler, mais nous n'en avions pas le courage !

Les Rivers ne peuvent s'empêcher de rire et Dolly se sent pardonnée. Rien n'a gâché cette belle journée.

Le soir arrive trop vite. Vers six heures, les voitures franchissent les grilles dorées de Malory sous les yeux des élèves qui adressent des signes d'adieu à leurs parents. Quand tous les visiteurs sont partis, les enfants se réunissent dans la salle de récréation pour commenter les événements de la fête. Au bout de quelques minutes, Dolly se rappelle qu'elle a un message à transmettre à Edith Hope. Mais Edith n'est pas là. Décidément, elle a l'art de se rendre invisible !

— Où est Edith Hope ? questionne Dolly.

— Je crois qu'elle est dans une salle de musique, déclare Catherine. Je me demande pourquoi elle étudie son piano aujourd'hui puisque c'est jour de fête.

— Je vais la chercher.

D'une des petites salles de musique, meublées simplement d'un piano, d'un tabouret et d'une chaise, s'élève une mélodie mélancolique. Dolly ouvre la porte. Edith est bien là. Elle se retourne et fronce les sourcils.

— J'étudie ! crie-t-elle. Va-t'en !

— Ah ! Te voilà enfin ! s'exclame Dolly. Qu'as-tu fait cet après-midi ? Je t'ai cherchée partout. Maman voulait te parler.

— Moi, je n'avais rien à lui dire ! réplique Edith en se remettant à jouer.

— Pourquoi n'as-tu pas voulu parler à maman ? interroge Dolly avec colère. Ta mère l'avait priée de te transmettre un message.

Pas de réponse. Edith, maintenant, fait des gammes. Dolly perd patience.

— Cesse de jouer ! ordonne-t-elle. Écoute-moi ! Qu'est-ce que tu as ?

Edith appuie plus fort sur les touches. Manifestement, elle ne veut rien entendre. Dolly s'approche d'elle et se penche vers son oreille.

— Pourquoi as-tu affirmé que tu n'avais pas de sœur ? Tu en as une et c'est à cause d'elle que ta mère n'a pas pu venir te voir. Mais elle t'envoie son affection. Elle a…

Edith fait pivoter le tabouret de piano. Elle est très pâle.

— Tais-toi ! crie-t-elle. Tu te mêles encore de ce qui ne te regarde pas ! Laisse-moi tranquille ! Tu as passé toute la journée avec tes parents, ils t'ont beaucoup gâtée. Cela ne te donne pas le droit de me harceler. Je te déteste !

— Tu es folle ! riposte Dolly en donnant un coup de poing sur le clavier d'où monte une plainte déchirante. Que tu le veuilles ou non, tu m'écouteras ! Pourquoi n'écris-tu presque jamais à ta mère ? Elle a dit…

— Je me moque de ce qu'elle a dit ! proteste Edith d'une voix sifflante.

Elle se lève et tente d'écarter Dolly. Hors d'elle, celle-ci la repousse avec tant de brusquerie qu'Edith valse à l'autre bout de la petite pièce, se heurte à la chaise et tombe. Elle porte la main à son côté.

— Tu m'as fait mal ! gémit-elle.

Dolly tremble encore de rage pendant qu'Edith se relève non sans peine et sort. Aussitôt la colère de Dolly s'apaise et elle est saisie de honte. Voilà qu'elle s'est encore emportée ! Tout exaspérante que soit Edith, elle n'aurait pas dû la pousser si fort. Dire que, quelques instants plus tôt, elle promettait à son père d'être toujours calme et raisonnable !

Dolly court à la porte afin de demander pardon à Edith. Mais Edith a disparu.

Elle n'est pas non plus à la salle de récréation. Dolly s'assoit dans un coin, en se reprochant amèrement sa conduite.

— Qu'as-tu ? demande Géraldine.

— Je me suis disputée avec Edith.

— Tu l'as giflée? interroge Géraldine en riant.

Dolly a plus envie de pleurer que de rire. Cette belle journée finit mal. Emily s'approche d'elle, un tricot à la main.

— Tes parents sont très gentils, déclare-t-elle, et, avec une exubérance qui ne lui est pas habituelle, elle se met à commenter les événements de la journée.

Dolly est sur le point de l'envoyer promener. Faisant un effort, elle l'écoute avec patience.

Mary Lou, de l'autre côté de la salle, voudrait bien se joindre à elles, mais elle ne peut quitter Brigitte qui vante le charme et l'élégance de sa mère. De plus, elle a un peu peur d'être rabrouée par Dolly.

Celle-ci guette l'arrivée d'Edith. Avec empressement, elle ira lui faire ses excuses ! Quel malheur d'être si emportée et d'être obligée ensuite de regretter ses actes !

Edith ne revient pas dans la salle de récréation.

Bientôt la cloche du dîner sonne. Edith n'est pas non plus au réfectoire. Miss Potts constate qu'une place est vide.

— Qui manque? demande-t-elle.

— Edith Hope, répond Dolly. Je l'ai vue tout à l'heure dans une salle de musique.

— Allez la chercher! ordonne Miss Potts.

— Elle n'y est plus. Je ne sais pas où elle est allée.

— Eh bien, nous continuerons sans elle, décide Miss Potts. Elle a bien dû entendre la cloche.

La fête met fin à la conversation. Seule Dolly reste muette. Pourquoi Edith se conduit-elle de façon si bizarre?

Mary Lou renifle.

— Où est votre mouchoir? lance Miss Potts. Vous n'en avez pas? Allez en chercher un tout de suite! Je ne supporterai pas de vous entendre renifler.

Mary Lou sort du réfectoire pour courir au dortoir. Comme son absence se prolonge, Miss Potts s'impatiente.

— Lui faut-il une heure pour trouver un mouchoir?

On entend alors des pas précipités. La porte du réfectoire s'ouvre brusquement sur Mary Lou qui entre en trombe.

— Miss Potts ! Oh ! Miss Potts ! J'ai trouvé Edith ! Elle est couchée dans son lit. Et elle gémit. Elle crie qu'elle a si mal ! Montez vite, Miss Potts ! Moi, je n'ai pas su quoi faire.

— Mes enfants, continuez votre repas ! ordonne Miss Potts. Edith a dû manger trop de fraises à la crème. Catherine, allez avertir Mme Walter, s'il vous plaît. Priez-la de me rejoindre à votre dortoir.

Elle sort. Les élèves assaillent Mary Lou de questions. Mais Dolly, pleine de remords, garde le silence.

Elle a poussé Edith qui s'est heurtée à la chaise avant de tomber par terre. Edith a crié de douleur. Ce n'est pas d'un excès de fraises à la crème qu'elle souffre, mais des effets de sa chute !

Dolly ne peut plus avaler une bouchée. Elle s'esquive dans la salle de récréation pour être seule. Est-il possible qu'Edith ait été grièvement blessée ? Non, le choc n'a pas été assez fort. Miss Potts viendra bientôt annoncer gaiement :

— Edith n'a qu'une indigestion. Demain, elle sera en pleine forme.

« Que je le voudrais ! Que je le voudrais ! » pense la pauvre Dolly.

Elle guette anxieusement le bruit des pas de Miss Potts.

Chapitre 16

Dolly est très malheureuse

Le dîner achevé, les élèves reviennent dans la salle de récréation. Dans une demi-heure, elles iront se coucher sans rechigner après cette journée merveilleuse et fatigante. Géraldine s'approche de Dolly.

— Tu as l'air inquiète, fait-elle remarquer.

— C'est à cause d'Edith. J'espère qu'elle n'est pas gravement malade.

— Pourquoi le serait-elle ? demande Géraldine. Mon frère Sam, non plus, ne peut pas manger de fraises à la crème sans avoir une indigestion.

Elle se lance dans ses histoires de famille. Elle en a toujours beaucoup à raconter. Ses trois frères sont les héros d'aventures inouïes et, à l'en croire, feraient blanchir prématurément les cheveux de leur mère.

La cloche du coucher sonne pour les élèves de première et de seconde division. Elles se dépêchent de monter. Mme Walter ne se montre pas très indulgente pour les retardataires.

Miss Potts n'est pas revenue. Dolly sent son anxiété augmenter. L'infirmière pourrait peut-être lui donner des nouvelles d'Edith ?

Mais ce soir-là, Mme Walter ne parcourt pas le dortoir. C'est Mam'zelle Dupont qui la remplace, souriant encore au souvenir de cette bonne journée.

— Bonsoir, Mam'zelle. Où est Mme Walter ? demande Géraldine.

— Elle est auprès d'Edith Hope, répond Mam'zelle. La pauvre souffre beaucoup.

Dolly sent le cœur lui manquer.

— Elle est à l'infirmerie ? interroge-t-elle.

Située au-dessus de l'appartement de la directrice, l'infirmerie se compose de petites chambres gaies et ensoleillées. Une infirmière adjointe, Mme Brown, seconde Mme Walter dans les soins à donner aux malades.

— Oui, bien entendu. Elle est très malade, dit Mam'zelle.

Et, avec son exagération habituelle, elle ajoute une phrase ou deux qui renforcent la panique de Dolly.

— La douleur est abominable ! Elle ne peut pas s'empêcher de crier !

— Oh ! s'écrie la fillette. Est-ce qu'il lui est arrivé un accident ?

— Je ne sais qu'une chose : ce ne sont pas les fraises à la crème qui sont coupables. Edith n'en a pas mangé. Elle l'a affirmé à Mme Walter.

Il n'y a plus aucun doute : le heurt contre la chaise et la chute sont la cause des souffrances d'Edith. Mam'zelle remarque la pâleur de Dolly. Aura-t-elle bientôt une autre malade sur les bras ?

— Vous sentez-vous bien, ma petite Dolly ? demande-t-elle d'une voix compatissante.

— Oui. Je suis un peu fatiguée, c'est tout.

Elle passe une nuit blanche, furieuse contre elle-même d'avoir cédé à la colère. Dire qu'elle s'est emportée au point de blesser une camarade ! Bien sûr, Edith se montre bizarre et exaspérante, pourtant rien n'excuse une telle brusquerie !

Edith souffre par sa faute. A-t-elle dénoncé Dolly ? À l'idée des reproches de Mme Grayling, Dolly est glacée de terreur.

— Elle apprendra que j'ai giflé aussi Brigitte, elle me renverra de Malory, murmure-t-elle tout bas. Oh ! Edith, Edith, remets-toi vite ! Reviens parmi nous demain. Je te dirai mes regrets, j'essaierai de compenser le mal que je t'ai fait.

Elle s'endort à l'aube et, lorsque la cloche du lever sonne, sa première pensée est pour Edith. La vue de son lit vide redouble ses craintes.

Dolly descend avant les autres et se hâte d'interroger Miss Potts.

— Comment va Edith ?

Miss Potts est touchée de son attention.

— Elle n'est pas bien du tout, répond-elle. On ne sait pas exactement ce qu'elle a, mais elle est très malade, la pauvre ! C'est si brusque ! Elle paraissait en parfaite santé hier.

Dolly s'éloigne. Oui, Edith était en parfaite santé jusqu'à sa chute. Dolly sait ce qui a causé sa maladie. Les autres l'ignorent. De toute évidence, Edith n'a pas parlé de la dispute.

Dolly se sent coupable et honteuse. Elle a peur aussi. Sa conscience lui dit qu'elle devrait avouer à Miss Potts et à Mme Walter ce qui s'est passé, mais le courage lui manque.

Elle, si intrépide d'habitude, s'étonne de sa lâcheté. Mais elle tremble de peur. Si Edith était très malade ? Si elle ne se remettait pas ? Dolly en porterait la responsabilité...

Elle n'ose se confier à personne. Mme Grayling ne voudra plus d'elle à Malory et sa mère et son père seront si peinés ! Les gens diront : « On l'a renvoyée du pensionnat. Elle frappait toutes les élèves ! »

Elle ne s'en consolera jamais. Non, il ne faut pas qu'on sache !

Dolly pense soudain à Mary Lou qu'elle a si souvent traitée de poltronne. Maintenant, elle comprend : la frayeur, quelle sensation affreuse ! Dolly se demande comment elle a pu taquiner Mary Lou. Elle l'a sûrement rendue très malheureuse.

Elle se souvient de l'enthousiasme avec lequel elle a commencé le trimestre et de ses espoirs. Elle voulait briller dans toutes les matières pour que ses parents soient fiers de leur fille. Elle pensait choisir une amie. Pourtant, aucun de ses rêves ne s'est réalisé.

Elle a eu de mauvaises notes. Elle n'a pas trouvé d'amie. Elle a rabroué Mary Lou qui lui vouait une si timide admiration. Et voilà que maintenant, à cause de sa brusquerie, Edith est très malade.

Toute la journée, Dolly est comme une âme en peine. Miss Potts l'observe d'un œil inquiet.

Mary Lou ne la quitte pas d'une semelle et, contrairement à son habitude, Dolly accepte ses prévenances. Cette sympathie lui fait du bien.

L'état d'Edith ne s'améliore pas. Le bruit court dans la tour du Nord que Tessie l'a entendue gémir en passant devant l'infirmerie.

Dolly désire écrire à sa mère, mais les Rivers, en la quittant, partaient en voyage. Ils lui ont donné leur adresse, mais elle ne l'a pas notée tout de suite et, dans son agitation, elle l'a oubliée. Assise sur un banc dans un coin du jardin, elle se plonge dans de profondes réflexions. Mieux vaut quitter Malory qu'y rester par lâcheté et au prix d'un silence coupable. Mais à qui se confier ?

« Je vais écrire à la mère d'Edith, décide Dolly. Elle a le droit de savoir. Je lui raconterai tout. La dispute et la chute. Il faudra que je dise aussi qu'Edith affirmait ne pas avoir de sœur. C'est très bizarre. Mme Hope comprendra peut-être pourquoi. Après, elle fera ce qu'elle voudra. Elle se plaindra sans doute à Mme Grayling. Mais je serai soulagée quand j'aurai dit la vérité ! »

Elle retourne à la tour du Nord, prend son papier à lettres et se met à écrire. Ce n'est pas un message facile à composer, mais elle relate les faits le plus clairement possible.

Le courrier terminé, Dolly pousse un soupir de soulagement. Sans le relire, elle le met dans la boîte aux lettres. Mme Hope recevra sa lettre très vite.

Un autre bruit court dans la tour du Nord : Edith était de plus en plus malade. On a fait appel à un spécialiste. Ses parents, prévenus par téléphone, arriveront le lendemain matin.

Dolly ne peut rien manger de la journée. Chaque heure lui paraît une éternité. Mary Lou, peinée par son chagrin et par sa pâleur dont elle ne peut deviner la cause, redouble d'attentions et s'inquiète presque de ne pas être en proie aux taquineries habituelles.

Les autres élèves ne remarquent rien. C'est dimanche. Elles font une longue promenade, se baignent, paressent au soleil. Miss Potts observe Dolly. Qu'a-t-elle ? Est-ce la maladie d'Edith qui l'attriste ? Sûrement pas. Edith n'a aucune amie.

Enfin vient l'heure du coucher. Interrogée par Dolly, Mme Walter répond seulement qu'Edith ne va pas mieux. Non, personne n'a la permission de lui rendre visite. L'infirmière réprimande sévèrement Dolly qui se permet d'insister.

La fillette ne trouve pas le sommeil. Les élèves de troisième et quatrième division montent à leurs dortoirs, puis c'est au tour des élèves de cinquième et de sixième. L'infirmière, Mam'zelle et Miss Potts se retirent. Les lumières s'éteignent. Bientôt, tout le monde dort, excepté Dolly.

«Je ne peux pas rester couchée, pense-t-elle en rejetant ses couvertures. Je deviendrais folle. Je vais descendre dans la cour : l'air frais me fera du bien.»

Elle enfile sa robe de chambre, ses pantoufles, et sort sur la pointe des pieds. Personne ne l'entend. Les étoiles brillent dans le ciel. Les roses embaument. Soudain le silence est troublé par le ronflement d'un moteur. Une voiture s'arrête devant la grille. Qui peut bien venir en pleine nuit? Dolly lève la tête. Les fenêtres de l'infirmerie sont éclairées. Edith ne dort donc pas. Que se passe-t-il là-haut?

Dolly fait quelques pas dans la grande allée. Une voiture est stationnée, phares éteints. Le visiteur n'a pas refermé la porte d'entrée du bâtiment central. Dolly pénètre à l'intérieur, bien décidée à savoir ce qui se passe.

Chapitre 17

Quelle heureuse surprise !

Une lampe est allumée dans le vestibule. Rien ne bouge chez la directrice. Mme Grayling se trouve sans doute dans l'infirmerie. Au premier étage, des lumières brillent. Des gens vont et viennent.

L'anxiété de Dolly devient plus vive. Il faut qu'Edith soit très malade pour mobiliser tant de monde au milieu de la nuit ! Dolly monte l'escalier à pas de loup. Sans oser aller plus loin de peur d'être vue, mais bien résolue à apprendre quelque chose, elle se blottit dans l'embrasure d'une fenêtre, sous les lourds rideaux de velours. Peut-être glanera-t-elle quelques renseignements si quelqu'un passe en parlant. Des voix résonnent à l'intérieur d'une chambre, sans qu'elle puisse saisir ce qui se dit. Mme Walter et Mme Brown échangent quelques mots. Une voix d'homme donne des ordres brefs. Ces sons, dont elle ne comprend pas le sens, ont quelque chose de mystérieux et de troublant.

Dolly serre plus fort les rideaux autour d'elle. Une demi-heure s'écoule. Épuisée par l'émotion, elle s'assoupit et perd la notion du temps. Un bruit la tire de sa somnolence. Que fait-elle là ? Soudain ses souvenirs lui reviennent : elle se trouve à l'infirmerie et attend des nouvelles d'Edith.

Aussitôt la crainte et l'appréhension l'assaillent avec plus de force encore. Une porte s'ouvre. Des pas approchent. Est-ce que ce sont les médecins ? Les infirmières ? Peut-être la directrice elle-même ?

Soudain Dolly croit que son cœur cesse de battre. Quelqu'un passe devant la fenêtre, quelqu'un dont elle connaît la voix !

— Elle est hors de danger, dit la voix. Elle n'a plus besoin que de repos.

Dolly se demande si elle ne rêve pas. C'est impossible ! Ce timbre familier, ce ne peut être que celui de son père !

D'abord clouée sur place, elle recouvre l'usage de ses membres. Elle écarte les rideaux. C'est bien le docteur Rivers qui traverse le vestibule à côté de Mme Grayling. Elle n'a pas rêvé !

— Papa ! crie-t-elle en oubliant tout, si ce n'est que son père, qu'elle croyait à des kilomètres de là, est à deux pas d'elle. Papa ! Papa ! Ne t'en va pas ! C'est moi, Dolly !

Le docteur Rivers s'arrête. Il ne peut en croire ses oreilles. Dolly sort de sa cachette et se jette à son cou. Cramponnée à lui, elle fond en larmes.

— Qu'as-tu, chérie ? demande son père, étonné. Que fais-tu ici ?

Mme Grayling partage sa stupéfaction.

— Dolly ! Qu'est-ce que cela veut dire, mon enfant ? Docteur Rivers, descendons dans mon bureau, voulez-vous ?

Portant Dolly dans ses bras, le médecin suit la directrice, tandis que derrière eux les deux infirmières poussent des exclamations.

Le docteur Rivers s'assoit dans un grand fauteuil, avec Dolly sur ses genoux. Mme Walter et Mme Brown sont retournées dans l'infirmerie. Mme Grayling prend place en face du père et de la fille.

— Explique-moi donc ce que tu as, commence le docteur Rivers. Hier tu semblais si heureuse ! En tout cas, je suis là. Tout va s'arranger.

— C'est impossible ! gémit Dolly. J'ai été tellement méchante ! De nouveau, je me suis mise en colère ! Oh ! Papa, c'est ma faute si Edith est malade !

— Qu'est-ce que tu racontes ? proteste son père.

La jeune fille cache sa tête contre la poitrine paternelle et se sent mieux. Son père peut toujours tout arranger. Quel bonheur qu'il soit là ! Mais que signifie sa présence ?

— Papa, pourquoi es-tu ici ? Je te croyais à des kilomètres !

— J'y étais, mais Mme Grayling a téléphoné pour dire que la petite Edith Hope avait l'appendicite et que son médecin habituel était malade et ne pouvait se charger de l'opération. Ma secrétaire m'a transmis le message. J'ai sauté dans ma voiture, je suis arrivé, j'ai trouvé tout prêt et j'ai fait aussitôt l'opération. Edith n'a plus besoin que de quelques jours de repos.

Dolly se sent soulagée d'un grand poids.

— Papa, est-ce qu'un choc et une chute peuvent provoquer l'appendicite ?

— Bien sûr que non ! Edith avait sans doute son appendice en mauvais état. La crise a éclaté brusquement, sans raison apparente. Pourquoi poses-tu cette question ?

Alors Dolly avoue tout : sa colère devant l'attitude exaspérante de sa compagne, le geste violent qui a envoyé Edith à l'autre bout de la pièce.

— Je mourais de peur et d'inquiétude, continue-t-elle entre deux sanglots. Je pensais que si Mme Grayling savait, elle me renverrait de Malory, et que maman et toi vous auriez honte de moi. Cette nuit, je ne pouvais pas dormir. Je me suis levée et…

— Voyons, Dolly ! s'écrie son père en l'embrassant. Puisque tu as des idées si stupides, nous ferions peut-être mieux de te reprendre à la maison !

— Oh ! Non, non ! Je suis tellement heureuse ici ! Edith va guérir et ce n'est pas ma faute si elle est malade ! Quelle joie ! J'ai écrit à Mme Hope. Que pensera-t-elle ?

Elle relate le contenu de sa lettre. Son père et Mme Grayling se demandent pourquoi Edith nie l'existence de sa petite sœur.

— Il y a là un mystère à éclaircir, déclare le docteur Rivers à Mme Grayling. Si quelque chose tourmente Edith, sa guérison en sera retardée. Quand M. et Mme Hope doivent-ils arriver ?

— Demain matin, répond la directrice. Il est tard. Docteur Rivers, voulez-vous coucher ici cette nuit ?

— Non, merci. J'ai l'habitude de conduire la nuit. Je vais rejoindre ma femme. Je dois prendre la parole à un congrès, demain. Retourne à ton dortoir, Dolly, ne te tourmente plus. Le choc a tout au plus avancé la crise de quelques heures. Edith devait se sentir mal à l'aise depuis longtemps.

— Mais je l'ai poussée très fort, murmure Dolly.

— Je regrette de t'avoir légué mon caractère emporté, dit son père en l'embrassant. Bonne nuit, chérie. Dans un ou deux jours, tu pourras voir Edith et lui demander pardon.

Il se lève pour retourner à sa voiture. Mme Grayling elle-même accompagne Dolly à son dortoir. Celle-ci s'endort dès que sa tête a touché l'oreiller.

Dans sa chambrette de l'infirmerie, Edith, qui ne souffre plus, dort aussi. Mme Walter et Mme Brown se relaient pour la veiller, heureuses d'entendre sa respiration régulière.

Le lendemain, le soleil brille.

Dolly s'éveille au premier coup de cloche et les événements de la nuit lui reviennent tout de suite à l'esprit : son père a opéré Edith qui sera guérie dans quelques jours. Dolly n'est pas coupable. Elle s'est inquiétée pour rien. Non, pas tout à fait pour rien. L'incident a été pour elle une bonne leçon. Elle se promet de rester désormais toujours maîtresse d'elle-même.

Quant à Edith, une merveilleuse surprise l'attend à son réveil. Quand elle apprend que son père et sa mère vont arriver, elle peut à peine en croire ses oreilles.

— Maman va venir ! répète-t-elle. Vous en êtes sûre, madame Walter ? Elle n'a pas pu pour la mi-trimestre et elle vient vraiment ?

Mme Grayling reçoit M. et Mme Hope dans son bureau. L'anxiété se lit sur leur visage. Petite et mince, Mme Hope paraît de santé fragile.

— Edith va aussi bien que possible, annonce Mme Grayling. L'opération a parfaitement réussi et, dans quelques jours, elle sera remise. Le docteur Rivers est un excellent chirurgien. C'est le père d'une de nos élèves, Dolly Rivers.

— Dolly Rivers ! s'écrie Mme Hope en sortant une enveloppe de son sac. Elle m'a écrit une lettre très étrange. Lisez-la, madame Grayling. Elle s'accuse de la maladie d'Edith. Bien sûr, elle n'y est pour rien. Mais ce qu'elle me dit ensuite me tourmente beaucoup. Pourrions-nous parler à Dolly avant de voir Edith ?

Mme Grayling lit la lettre.

— Il y a quelque chose d'extraordinaire, fait-elle remarquer. Pourquoi Edith répète-t-elle qu'elle n'a pas de sœur ? Quand elle sait pourtant bien qu'elle en a une !

— Je ne sais pas, répond tristement Mme Hope. Mais Edith est bizarre depuis la naissance du bébé. Elle n'a jamais eu l'air de l'aimer.

— Vous n'avez que ces deux enfants ?

Mme Hope hoche la tête.

— Oui, répond-elle. Edith avait dix ans quand Daphné est née. Jusque-là, elle était fille unique. Je croyais qu'elle serait contente d'avoir une sœur. Nous ne l'avions pas gâtée, mais elle n'avait rien à partager avec personne. Je me demande si elle n'est pas jalouse.

— Probablement, réplique Mme Grayling. Elle craint d'être éclipsée par le bébé, sans oser l'avouer.

— Elle n'en a jamais dit un mot, convient Mme Hope. Elle a changé, c'est tout. Elle a perdu sa gaieté. Daphné avait une santé fragile, elle exigeait beaucoup de soins et pleurait sans cesse. Nous avons un appartement très petit et nous espérons en avoir un plus grand sous peu. Nous avons pensé, mon mari et moi, qu'Edith serait mieux dans un pensionnat avec des enfants de son âge. Nous avons cru bien faire.

— J'en suis sûre, explique Mme Grayling. Mais Edith a dû s'imaginer que vous ne l'aimiez plus, que vous vouliez vous débarrasser d'elle et que le bébé accaparait votre affection. Madame Hope, il faut mettre fin à ce malentendu. Nous allons interroger Dolly.

La fillette est appelée. Elle entre, un peu inquiète de l'accueil que lui fera Mme Hope. Bientôt rassurée, elle répète tout ce qu'elle sait.

Mme Grayling se tourne vers Mme Hope.

— Je crois qu'il serait bien que Dolly monte avant vous auprès d'Edith, conseille-t-elle. Elle lui annoncerait que vous êtes là, que vous avez laissé le bébé pour vous hâter à son chevet. Acceptez-vous, Dolly ?

Cette dernière hoche la tête. Elle le comprend : Edith est jalouse de sa petite sœur. Si jalouse qu'elle ne veut même pas admettre son existence ! Pauvre Edith ! Elle a sans doute énormément souffert.

— J'accepte, répond la fillette. Et après votre départ, je m'occuperai d'Edith. Je la persuaderai que c'est très agréable d'avoir une sœur !

MS

Chapitre 18

Edith et Dolly

Dolly monte à l'infirmerie. Mme Grayling lui a donné un message pour Mme Walter :

« Permettez à Dolly de voir Edith pendant quelques minutes avant M. et Mme Hope. »

L'infirmière fronce les sourcils, mais obéit aux ordres de la directrice. Dolly entre sur la pointe des pieds dans la petite chambre d'une blancheur immaculée. Edith, un peu pâle, repose sur l'oreiller.

— Bonjour, Edith, commence Dolly. Tu vas mieux ? Je suis contente que ce soit papa qui t'ait opérée.

— Il a l'air très gentil, répond Edith. Samedi j'avais déjà mal en me levant, mais je n'ai pas voulu gâcher la fête des autres.

— Tu as été très courageuse ! Tu sais qui est en bas ?

— Maman ? s'écrie Edith, les yeux brillants.

Dolly hoche la tête.

— Oui, ta mère. Et ton père aussi. Tu vois, Edith, ta maman a confié la petite Daphné à une amie pour venir te voir le plus tôt possible. Elle t'aime tant ! Elle était si peinée de ne pas venir samedi. Le bébé était malade.

Edith a oublié, semble-t-il, qu'elle a nié l'existence de sa petite sœur.

— Vraiment ? chuchote-t-elle. Elle m'a donné la priorité ?

— Oui. Les mamans sont comme cela, elles préfèrent toujours celui de leurs enfants qui a le plus besoin d'elles. Et c'est très agréable d'avoir une petite sœur. La mienne m'adore !

De nouveaux horizons s'ouvrent devant les yeux d'Edith. Elle adresse à Dolly un sourire reconnaissant.

— Reviens me voir, dit-elle. Et ne raconte pas aux autres que j'ai été si stupide !

— Bien sûr que non ! Tu n'étais pas stupide : tu avais du chagrin. Ce n'est pas la même chose. Et je te demande pardon de t'avoir poussée si fort.

— Tu m'as poussée? répète Edith. J'avais oublié. Tiens, voici Mme Walter.

L'infirmière fait un signe. M. et Mme Hope sont derrière la porte. Dolly s'esquive pendant qu'Edith pousse des cris de joie à la vue de ses parents.

Dolly descend gaiement l'escalier et rejoint ses compagnes à l'instant où Miss Potts sort de classe.

— Où étais-tu? demande Géraldine. Tu as manqué les maths, veinarde!

— Je suis allée voir Edith, répond Dolly, en prenant un air important.

— Allons donc! Personne n'a la permission de la voir! proteste Irène.

— Moi, si. C'est papa qui l'a opérée, riposte la jeune fille, fière de son père. Il est venu en pleine nuit, je l'ai vu.

— Dolly Rivers nous raconte des histoires! s'écrie Géraldine.

— Non, c'est vrai! affirme Dolly. J'ai vu M. et Mme Hope aussi. Ils sont avec Edith en ce moment. Ils ne repartiront que demain.

— Et cette chère Edith sait-elle enfin si elle a une sœur ou non? questionne Brigitte.

Dolly réprime un accès de colère.

— Cela ne te regarde pas! Dommage que tu n'aies pas six sœurs aînées pour te former le caractère! Tu serais un peu plus gentille!

— Chut ! Voici Mam'zelle ! prévient une élève qui tient la porte.

Mam'zelle entre. Elle a l'air de s'être levée du pied gauche. Mais cela importe peu à Dolly qui ne cesse de songer à la joie d'Edith.

Cette dernière, en effet, est au comble du bonheur. Son père et sa mère sont penchés sur elle. Sa mère l'aime ! Elle n'a pas hésité à se séparer de la petite Daphné pour accourir à son chevet.

— Nous viendrons te voir demain avant de repartir ! promet Mme Hope quand l'infirmière donne le signal du départ. Et, si tu le veux, je resterai un jour de plus. Papa partira seul.

— Non, répond Edith avec un soupir. Daphné a besoin de toi. Je vais déjà beaucoup mieux, maman. Je serai bientôt complètement remise.

Mme Hope comprend alors qu'Edith est guérie de sa jalousie. Elle a une pensée reconnaissante pour Dolly Rivers qui lui a révélé le secret de sa fille.

Longtemps avant les autres, Dolly a la permission d'aller voir Edith deux fois par jour. Edith l'accueille avec joie. Transformée, celle-ci se montre exubérante, parle de sa famille, interroge Dolly sur les cours et les jeux de ses compagnes... Mam'zelle est-elle de bonne humeur? Qu'a dit Miss Potts? Brigitte et Mary Lou sont-elles toujours amies ?

— Pauvre Mary Lou ! soupire Dolly. Je la comprends mieux depuis que j'ai eu si peur moi-même. Je regrette de l'avoir si souvent taquinée.

— Elle est à plaindre, convient Edith, bien disposée pour l'univers entier. Dis-lui que j'aimerais la voir.

Mary Lou est enchantée de cette marque d'amitié. Armée d'une grande boîte de bonbons, elle monte à l'infirmerie. Edith, encore un peu pâle, a beaucoup changé. Ses yeux brillent. Elle sourit. Elle accueille Mary Lou avec gentillesse. Celle-ci perd peu à peu sa timidité.

— Brigitte me dit tout le temps du mal de Dolly ! confie-t-elle. À l'en croire, Dolly me joue toutes sortes de mauvais tours. Mon encrier a été renversé sur mon atlas. Brigitte prétend que, ce jour-là, les doigts de Dolly étaient tachés d'encre.

— Dolly est incapable d'une chose pareille ! affirme Edith, indignée. Pourquoi écoutes-tu Brigitte ?

— J'y suis bien obligée ! réplique Mary Lou en reprenant son air effarouché. Elle répète sans cesse que je suis son amie et qu'elle cherche à me protéger.

— Et toi, l'aimes-tu ?

— Non. Mais je ne peux pas le lui dire. Ne me traite pas de poltronne, je sais que je le suis. Je ne peux pas m'en empêcher.

— Il est temps que vous partiez, Mary Lou, intervient Mme Walter. Dolly pourra venir une demi-heure à la récréation faire une partie de cartes avec Edith.

Dolly apporte les cartes, mais Edith n'a pas envie de jouer. Elle préfère parler de Mary Lou et de Brigitte.

— Brigitte est une vraie peste ! Elle t'accuse de jouer de mauvais tours à Mary Lou !

— Qui est la coupable, en réalité ? Je me le demande, murmure Dolly. Anne de la tour de l'Ouest ? Elle est si taquine !

— Et pourquoi pas Brigitte elle-même ? suggère Edith.

Cette idée stupéfie Dolly.

— Oh ! Non. Brigitte et Mary Lou sont amies !

— C'est ce que prétend Brigitte. Mary Lou est d'un autre avis.

— Mais faire semblant de la protéger et lui jouer de mauvais tours... ? Ce serait révoltant !

— Brigitte est révoltante. Elle est si vaniteuse, si égoïste, elle ne pense qu'à elle !

Dolly hoche la tête.

— Tu es très perspicace, reconnaît-elle. Tu juges Mary Lou et Brigitte mieux que moi.

— J'aime bien Mary Lou. Ce serait une fille épatante si nous pouvions lui apprendre à avoir un peu de courage.

— Comment y arriver ? J'ai essayé. Je l'ai taquinée pour lui faire honte. Cela n'a donné aucun résultat.

— Ce n'était pas une bonne méthode.

— Il faudrait en trouver une autre…

— Je réfléchirai, promet Edith. Demain, quand tu viendras, j'aurai peut-être trouvé un moyen.

Chapitre 19

Le plan d'Edith

Le lendemain matin, à la récréation, Dolly monte à l'infirmerie. Edith l'attend avec impatience.

— J'ai une idée ! s'écrie-t-elle. Je crois qu'elle réussira !

— Qu'est-ce que c'est ? demande Dolly, heureuse de voir Edith toute rose, les yeux brillants.

— Écoute : tu feras semblant d'être prise d'un malaise dans la piscine, tu crieras à Mary Lou d'appeler au secours et de te jeter la bouée. Si elle le fait, elle s'imaginera qu'elle t'a sauvée de la noyade. Elle sera fière d'elle-même et convaincue d'être capable d'actes de courage.

— Oui, c'est une bonne idée ! Je préviendrai les autres pour qu'elles restent loin de moi et laissent Mary Lou se débrouiller seule. Bien entendu, je ne dirai rien aux filles comme Brigitte. Crois-tu que Mary Lou sera guérie de sa poltronnerie ?

— Elle aura vaincu sa timidité, déclare gravement Edith. Il n'y a que le premier pas qui coûte.

— Comment sais-tu ces choses-là ? demande Dolly avec admiration.

— Ce n'est pas difficile. Il faut simplement se mettre à la place des autres et chercher à penser comme eux. Je ne peux pas l'expliquer clairement. Je ne trouve pas les mots qu'il faut.

— Je comprends. C'est aussi ce que maman me conseille de faire. Mais je suis trop impatiente. Toi, tu prends le temps de réfléchir. Tu es très intelligente et très bonne, Edith.

Ce compliment fait rougir son amie.

— Oh ! Non. Je me suis si mal conduite avec mes parents et Daphné ! Je suis tout de même contente que tu penses du bien de moi. Crois-tu pouvoir mettre mon idée à exécution, Dolly ?

— Oui. J'essaierai demain. Mary Lou est enrhumée et enchantée de ce prétexte pour ne pas se baigner cette semaine. Elle restera sur le bord de la piscine. Nous verrons si elle me portera secours ou s'affolera.

— Elle déteste tant l'eau ! Je parie qu'elle n'apprendra jamais à nager.

— Quand Mme Walter a dit que Mary Lou ne se baignerait pas, Brigitte s'est mise aussitôt à renifler, reprend Dolly. Elle espérait recevoir la même interdiction. L'infirmière ne s'est pas laissé attendrir.

— Que se passe-t-il pendant les cours ? demande Edith avec intérêt. Je mourrais d'ennui si tu ne venais pas me voir !

— Miss Potts nous a donné des problèmes très difficiles. Ce matin, Mam'zelle était de mauvaise humeur. Elle s'est mise en colère. Quand elle s'est tournée vers le tableau, Géraldine l'a imitée. C'était trop drôle !

Edith rit de bon cœur. Les colères de Mam'zelle font toujours la joie de la classe.

— La cloche sonne ! s'écrie Dolly en se levant. Je reviendrai après le déjeuner.

— Pense à notre projet ! recommande Edith.

Dolly descend, en s'étonnant encore de la transformation d'Edith. Comment cette fille maussade et renfermée a-t-elle pu devenir si rieuse et si ouverte ?

« Elle n'est pas aussi amusante que Géraldine, pense Dolly, mais elle est plus douce et plus charitable. On peut se confier à elle. »

L'idée d'Edith lui paraît excellente. Elle met Géraldine et Betty dans le secret et leur recommande d'emmener leurs compagnes à l'autre extrémité de la piscine.

— Pourquoi t'occupes-tu de cette petite idiote de Mary Lou ? questionne Géraldine. Elle aura toujours peur de tout. Elle est incorrigible !

— J'essaierai tout de même, déclare Dolly, déçue par la réaction de Géraldine.

— Tu perdras ton temps, réplique cette dernière. Mary Lou sera trop affolée pour bouger. Elle fondra en larmes comme un bébé ! Après, tout le monde la taquinera et elle sera plus poltronne que jamais.

— Ce serait dommage, murmure Dolly. Mais je ne le crois pas.

Dolly répète à Edith les paroles de Géraldine.

— Au fond, j'ai peur qu'elle n'ait raison, conclut-elle. Géraldine est très intelligente.

— C'est vrai, approuve Edith. Mais, quelquefois, elle l'est même trop. Elle a oublié une chose importante.

— Laquelle ? demande Dolly.

— Elle a oublié que c'est toi qui appelleras au secours, explique Edith. Tout le monde le sait, Mary Lou a une grande admiration pour toi. Elle ne pense qu'à te rendre service. Quand elle te croira en danger, elle n'aura qu'une idée : te sauver. Je suis sûre de ne pas me tromper !

— En tout cas, je tenterai ma chance, promet Dolly. Je n'ai guère d'espoir. Géraldine a beaucoup de jugement. C'est dommage qu'elle soit inséparable de Betty. J'aurais voulu être son amie.

Edith n'insiste pas. Toutes les deux entament une partie de dominos et jouent jusqu'au moment où Mme Walter les interrompt. Dolly descend à la salle de récréation.

— Je vais exécuter l'idée d'Edith, apprend-elle à Géraldine. Betty et toi, vous éloignerez les autres et vous veillerez à ce que Mary Lou reste près de la piscine, d'accord? Alors je crierai et nous verrons si Mary Lou a la présence d'esprit de me lancer la bouée. Ce n'est pas très difficile.

— Ce sera trop pour elle ! proclame Géraldine, un peu vexée de l'entêtement de Dolly.

Le lendemain après-midi, les élèves de première division descendent à la piscine en maillot de bain et en peignoir. Brigitte les accompagne, furieuse parce que Mme Walter n'a pas pris ses reniflements au sérieux.

Mary Lou est la seule tout habillée et bénit le rhume qui l'empêche de se baigner. Dolly l'appelle.

— Jette des cailloux dans l'eau, je plongerai pour les ramasser !

— Si tu veux, répond Mary Lou en se baissant pour ramasser quelques cailloux.

Les élèves plongent. Brigitte reçoit dans le dos une poussée qui l'envoie dans l'eau la tête la première. Quand elle revient à la surface, prête à se fâcher, elle ne trouve personne près d'elle et ne peut que soupçonner Géraldine ou Betty.

Mary Lou, debout au bord de la piscine, admire Dolly qui repêche les cailloux, et se dit qu'elle n'aurait jamais l'audace d'en faire autant. La simple vue de l'eau lui donne des frissons.

— Faisons une course ! propose brusquement Géraldine aux autres élèves. Venez ! Ce sera à qui arrivera la première à l'autre extrémité !

— Moi, je reste un moment ici ! crie Dolly. Je vous rejoindrai tout à l'heure. Je veux encore ramasser des cailloux.

Géraldine et Betty, les seules dans le secret, tournent la tête vers elles en nageant pour guetter ce qui se passera. Toutes les deux sont sûres que Mary Lou perdra son sang-froid quand Dolly appellera au secours et qu'elle sera incapable de lui venir en aide. Les nageuses s'éloignent. Mary Lou jette un caillou et Dolly plonge. Elle remonte en criant :

— Un autre, Mary Lou ! Un autre !

Plouf! Le caillou tombe. Dolly plonge de nouveau. Le moment est venu.

— Au secours ! Au secours ! hurle-t-elle. J'ai une crampe ! Vite, Mary Lou, la bouée ! La bouée ! Au secours ! Je me noie !

Elle agite les bras, se débat, se laisse glisser dans l'eau. Mary Lou est terrifiée. Géraldine donne un coup de coude à Betty.

— C'est bien ce que je pensais, chuchote-t-elle. Cette poltronne n'osera pas faire un geste.

— Au secours ! appelle de nouveau Dolly.

Deux ou trois autres, pensant qu'elle est vraiment en danger, se dirigent vers elle.

Mais quelqu'un les devance. Une grande gerbe d'eau jaillit. Mary Lou s'est jetée dans la piscine tout habillée ! Maladroitement, en nageuse novice, elle réussit à atteindre Dolly et la saisit dans ses bras.

Dolly, qui remonte à la surface, est stupéfaite de trouver Mary Lou à ses côtés. Elle ne peut en croire ses yeux.

— Accroche-toi à moi ! Tiens-moi bien fort ! ordonne Mary Lou. Tu ne te noieras pas !

Chapitre 20

Bravo, Mary Lou !

D'autres nageuses s'approchent.

— Qu'as-tu, Dolly? Éloigne-toi, Mary Lou! ordonnent-elles.

La petite fille ne les entend pas. Elle est à bout de forces, sa robe trempée l'alourdit. Ses gestes deviennent de plus en plus lents. Tessie l'entraîne vers le bord de la piscine, tandis que Catherine, Irène et Jane se préparent à porter secours à Dolly.

Celle-ci, brusquement guérie de sa crampe, s'est déjà élancée à la poursuite de Tessie et de Mary Lou.

— Mary Lou, tu as sauté dans l'eau, toi qui ne sais presque pas nager! Tu es la fille la plus courageuse de Malory! crie-t-elle.

Tessie aide Mary Lou à sortir de la piscine. Miss Potts, qui arrive à cet instant, regarde avec stupéfaction Mary Lou, ruisselante, que toutes les élèves entourent en lui donnant des tapes dans le dos et en la complimentant.

— Qu'y a-t-il ? demanda Miss Potts. Mary Lou est tombée dans la piscine ?

C'est à qui lui racontera ce qui s'est passé.

— Elle a sauté dans l'eau pour sauver Dolly ! Dolly avait une crampe et a crié pour qu'on lui jette la bouée. Mais Mary Lou a plongé pour lui venir en aide, elle qui sait à peine nager !

Miss Potts partage l'étonnement général. Mary Lou ! Mary Lou si craintive, qui a peur de son ombre ! Comment a-t-elle pu montrer tant de courage ?

— Pourquoi n'as-tu pas jeté la bouée ? demande Géraldine.

— Elle n'était pas là, répond Mary Lou dont les dents claquent de froid et d'émotion. On l'a emportée pour la refaire. Vous ne le saviez pas ?

Non, personne n'a remarqué que la bouée n'était pas à sa place. Mary Lou n'est donc pas stupide ! En un clin d'œil, elle a jugé qu'elle ne pouvait compter que sur elle-même pour secourir Dolly.

Miss Potts l'entraîne vers le vestiaire. Dolly se tourne vers Géraldine, les yeux brillants.

— Qui avait raison ? Edith ou toi ? Mary Lou a du courage dans les grandes circonstances. Elle qui a si peur de l'eau ! Elle n'en a que plus de mérite !

Géraldine a assez de générosité pour reconnaître qu'elle s'est trompée. Elle hoche la tête.

— Tu as raison, elle a droit à nos félicitations. Mais je parie qu'elle ne l'aurait pas fait pour Brigitte ou pour moi.

Dolly attend avec impatience la fin du goûter pour monter à l'infirmerie.

— Edith, ton idée a réussi ! crie-t-elle en ouvrant la porte de la chambre blanche. Figure-toi que la bouée n'était pas à sa place ! Mary Lou a sauté dans l'eau tout habillée pour me porter secours.

— Quel bonheur ! J'en étais sûre ! Voilà notre petite souris transformée ! C'est à toi d'achever ton œuvre.

— Comment cela ?

— Vante son courage, conseille Edith. Affirme-lui que tout le monde l'admire, que, sans le savoir, elle est capable de nous surpasser toutes.

— Entendu ! Je ferai de mon mieux. Et je t'enverrai Mary Lou. Tu sauras mieux lui parler que nous.

À sa grande surprise, Mary Lou devient l'héroïne du jour, car bientôt le bruit court dans

Malory qu'elle a risqué sa vie pour sauver une compagne.

— Ne nous dis plus que tu as peur des araignées ! déclare Dolly. Personne ne te croirait. On sait que tu as du courage à revendre.

— Vraiment ? questionne Mary Lou, radieuse. Oui, tu as peut-être raison. Si on m'avait dit que je me jetterais à l'eau de mon plein gré, j'aurais répondu que c'était impossible. Pourtant je l'ai fait sans prendre le temps de réfléchir !

Seule Brigitte n'a pas un mot d'éloge pour Mary Lou. Elle s'irrite de voir sa compagne transformée en vedette et des compliments que lui adressent les professeurs. Ce qui met le comble à sa fureur, c'est que c'est pour Dolly que Mary Lou a accompli son exploit.

« Moi, je l'aurais bien laissée patauger dans l'eau, pense-t-elle, car elle garde le souvenir cuisant des gifles reçues. Quelle idiote, cette Mary Lou ! Maintenant, elle va prendre de grands airs ! »

Mais la fillette reste gentille et modeste. Elle ne se vante pas de ses prouesses, comme le ferait Brigitte. Elle prend simplement confiance en elle. Mise à l'épreuve, elle s'est montrée à la hauteur de circonstances critiques. Désormais elle n'est plus l'esclave soumise de Brigitte et ose lui tenir tête à la grande exaspération de celle-ci.

Deux semaines plus tard, Edith revient en classe. Elle aussi a changé et rivalise de gaieté et d'inventions amusantes avec Géraldine et Betty.

Le trimestre touche à sa fin. Plus que trois semaines avant les vacances ! Dolly peut à peine croire que le temps a passé si vite. Elle travaille beaucoup mieux et, deux fois, a été cinquième. Brigitte reste toujours la dernière. Mary Lou en revanche a gagné une place ou deux. Dolly se demande comment Brigitte pourra persuader ses parents qu'elle est la meilleure élève de Malory quand ils recevront son bulletin. Dolly ne peut s'empêcher de lui en parler.

— Brigitte, que diront ton père et ta mère lorsqu'ils verront que ton bulletin ne contient que de mauvaises notes? demande-t-elle avec curiosité.

Brigitte ouvre de grands yeux.

— Quel bulletin ?

— Tu ne sais pas ce que c'est? reprend Dolly. Je vais t'en montrer un. J'ai le dernier de mon ancienne école. Quand je suis arrivée ici, Miss Potts me l'a réclamé.

Elle tend le petit livret à Brigitte qui le regarde avec horreur.

Quoi? La liste de toutes les matières, avec les notes, le rang dans la division et les commentaires sur le travail et la conduite! Brigitte imagine les appréciations de ses professeurs :

« Français : aucun progrès.

« Mathématiques : nulle. Aurait besoin de cours particuliers pendant les vacances.

« Activités physiques : trop paresseuse pour faire un effort. »

Et ainsi de suite... Pauvre Brigitte! Au désespoir, elle se laisse tomber sur une chaise.

— Voyons, Brigitte, ignorais-tu qu'à la fin de chaque trimestre tes parents recevraient un rapport sur toi? questionne Dolly.

— Oui. Je n'avais jamais été en pension. Ma gouvernante, Miss Winter, me donnait des leçons et faisait de grands éloges de moi. Ici, j'ai bien vu que j'étais en retard et que j'étais la dernière, mais je ne croyais pas que mes parents le sauraient.

— Tes parents auront une mauvaise surprise. Tu regretteras tous les mensonges que tu as racontés à ta mère et à Miss Winter à la mi-trimestre. Mary Lou m'a tout dit.

— Je déchirerai ce bulletin! s'écrie Brigitte, se sentant incapable de supporter la consternation et la colère de ses parents.

— Impossible! On l'envoie par la poste. Tant pis pour toi! Tu ne mérites pas mieux! Avec tes grands airs...! À l'avenir, tu seras plus modeste.

Brigitte reste muette. Mary Lou ose donc répéter ses vanteries ! Petite sournoise ! Elle se promet de le lui faire payer.

« Moi qui étais son amie ! pense Brigitte. Elle a trahi ma confiance ! Je la déteste ! »

L'idée du bulletin la poursuit. Que dira son père ? Lui qui l'a envoyée en pension parce qu'il s'est aperçu que sa mère et Miss Winter la gâtaient trop ! Cette fois, toutes les ruses seront inutiles. La vérité éclatera.

« Plus que trois semaines ! songe Brigitte. Si je me mettais à travailler, mon bulletin serait-il meilleur ? Il faut que j'essaie ! »

À la grande surprise de Miss Potts et de Mam'zelle, Brigitte devient la plus appliquée des élèves. Penchée sur ses livres, elle ne lève pas la tête pendant les études et emporte même sa géographie ou son arithmétique en récréation pour les étudier dans un coin du jardin.

— Brigitte m'étonne, confie Miss Potts à Mam'zelle. Je commence à croire que, si elle avait travaillé, elle aurait obtenu d'excellents résultats.

— Moi aussi, approuve Mam'zelle. Voyez ces exercices de français ! Une seule faute ! C'est la première fois que cela arrive. Quel changement !

— Ce n'est pas le seul. Dolly fait des étincelles. Quant à Edith, elle n'est plus la même. Et Mary Lou a perdu son air effarouché depuis l'histoire de la piscine. Mais c'est Brigitte qui m'étonne le plus. Elle trouve la solution des problèmes. Les fractions ne sont plus pour elle un mystère. Son orthographe s'est améliorée. Je pourrai écrire : « Progrès en fin de trimestre » sur son bulletin. J'en suis bien contente !

Brigitte travaille sans plaisir. Dolly confie à ses compagnes le secret de cette brusque transformation.

— Elle s'efforce d'avoir un meilleur bulletin. Elle s'y prend un peu tard, tu ne crois pas, Mary Lou ?

Cette dernière approuve en riant. Elle ne quitte plus Edith et Dolly. Brigitte la regarde avec indignation, bien décidée à se venger de ce qu'elle appelle une trahison.

L'occasion ne tarde pas à se présenter. Entrant dans la salle de récréation pour y prendre un livre, elle aperçoit un stylo neuf sur la petite table de Mary Lou.

« Quelle chance ! » pense-t-elle.

Elle le jette à terre, le piétine et le laisse en morceaux au milieu d'une flaque d'encre.

Chapitre 21
Dolly injustement soupçonnée

C'est Jane qui entre la première dans la classe et aperçoit l'encre et les débris du stylo.

— Qui a fait ça ? s'écrie-t-elle en prenant à témoin Catherine et Dolly qui arrivent. Regardez !

— Le stylo de Mary Lou ! constate Catherine. Quel dommage ! Qui a pu marcher dessus ? On dirait qu'on l'a fait exprès !

Mary Lou fait son apparition derrière Edith. Elle pousse un cri.

— Mon stylo ! Maman me l'avait envoyé pour mon anniversaire ! Mon beau stylo !

Ses compagnes se rassemblent autour d'elle, surprises et consternées. Mary Lou continue à se lamenter.

— Que dira maman? Elle m'avait bien recommandé d'en prendre soin. Il a coûté très cher.

Géraldine entre en sifflant, accompagnée de Betty. Toutes les deux partagent l'indignation générale.

— Qui a fait cela? demande Géraldine. Il faut prévenir Potty. Je parie que c'est Brigitte.

— Où est-elle? questionne Catherine.

Personne ne le sait. En réalité, elle est derrière la porte, prête à entrer et à feindre la surprise et le chagrin. Mais, quand elle entend les voix irritées, elle n'ose pas avancer.

— Écoutez, reprend Géraldine, il y a un moyen de connaître la coupable.

— Lequel? interroge Catherine.

— Celle qui a piétiné le stylo doit avoir de l'encre sur les semelles de ses chaussures, explique Géraldine.

— C'est vrai, approuvent les autres.

— Tu as raison, déclare Catherine. Nous examinerons tous les souliers du vestiaire de la tour du Nord. Quand nous verrons des semelles tachées d'encre violette, nous serons fixées.

— Moi je le suis déjà ! intervient Dolly. Il n'y a que Brigitte qui soit capable d'un aussi mauvais tour !

Tremblant de rage et de fureur, Brigitte jette un regard rapide à la semelle de ses ballerines. Oui, une grosse tache d'encre violette s'y étale. Elle court prendre un flacon d'encre de même couleur dans un placard et se précipite dans le vestiaire où les élèves rangent leurs chaussures. Elle doit absolument arriver à temps !

Elle y parvient car ses camarades ont décidé de commencer par nettoyer le parquet. Brigitte barbouille d'encre violette les semelles d'une paire de souliers appartenant à Dolly et jette le flacon dans un placard voisin, avec ses chaussures qu'elle cache dans un coin. Puis elle enfile une paire de sandales.

Elle retourne ensuite à la salle de récréation et pousse la porte, très calme en apparence. Elle joue admirablement la comédie.

— Voici Brigitte ! lance Géraldine. Brigitte, qu'as-tu fait du stylo de Mary Lou ?

— Quel stylo ? demande Brigitte de son air le plus innocent.

— Quelqu'un l'a piétiné et l'a mis en morceaux, explique Edith.

— Que c'est méchant ! Qui a fait cela ?

— C'est ce que nous aimerions savoir, réplique Dolly, furieuse. Et nous le découvrirons bientôt !

— Je l'espère ! riposte Brigitte. Ne me regarde pas avec ces yeux furibonds, Dolly ! Ce n'est pas moi, c'est plutôt toi ! Tu es jalouse des compliments qu'on fait à Mary Lou pour son courage. Je l'ai bien remarqué !

Toutes poussent des cris. Comment Brigitte peut-elle parler ainsi ? Dolly est sur le point de s'emporter. Ses joues rougissent, ses yeux lancent des éclairs. Edith lui met la main sur le bras.

— Calme-toi ! chuchote-t-elle.

Dolly fait un effort sur elle-même et garde le silence.

— Brigitte, déclare Catherine, nous pensons que celle qui a piétiné le stylo doit avoir de l'encre violette sur ses semelles. Nous avons l'intention d'examiner les souliers de toutes les élèves de la tour du Nord et nous sommes sûres que nous trouverons la coupable.

Brigitte ne change pas d'expression.

— C'est une très bonne idée, approuve-t-elle. Vraiment très bonne idée. Je regrette de ne pas l'avoir eue moi-même. Nous saurons ainsi qui a cassé le stylo de la pauvre Mary Lou.

Toutes sont stupéfaites d'entendre ces paroles. Un léger doute se glisse dans les esprits. Brigitte approuverait-elle cette résolution si elle risquait d'être démasquée ? Ce n'est peut-être pas elle, après tout !

— Commence par mes semelles, si tu veux ! propose-t-elle.

Elle lève un pied et puis l'autre. Pas de taches d'encre, bien entendu.

— Montons au vestiaire, ordonne Catherine. Mais d'abord montrez toutes vos pieds.

Elles obéissent. Aucune n'a de trace d'encre. Puis, solennellement, elles se dirigent vers le vestiaire où se trouvent les coffres à chaussures.

Celui de Brigitte est ouvert le premier, car Catherine, comme ses compagnes, a la certitude qu'elle n'aura pas besoin d'aller plus loin. Elle se trompe.

Ce sont les souliers de Dolly qui sont barbouillés d'encre ! Stupéfaite, Catherine les tend à Dolly.

— C'est toi ! s'écrie-t-elle. Oh ! Dolly !

Cette dernière, interdite, ne peut prononcer un mot. Les autres fixent sur elle des yeux indignés. Géraldine est la première à parler.

— Je n'aurais jamais imaginé cela de toi, Dolly !

Elle se détourne avec mépris. Dolly lui saisit le bras.

— Géraldine, tu ne crois pas que c'est moi qui ai piétiné le stylo ? Ce n'est pas moi, je te l'assure ! Une telle idée ne me serait jamais venue à l'esprit ! Oh ! Géraldine ! Tu me connais bien, pourtant !

— Ta semelle est pleine d'encre, tu ne peux pas le nier ! Tu as un caractère très vif, Dolly. Sans aucun doute, tu as piétiné le stylo de Mary Lou dans un accès de colère. À quel propos ? Je l'ignore.

— Voyons, tu sais bien que j'ai cherché à aider Mary Lou, que je l'aime bien. Je te prenais pour mon amie ! Betty et toi, vous acceptez ma compagnie. Comment peux-tu soupçonner une de tes meilleures amies ?

— Tu n'es plus mon amie ! réplique Géraldine en s'éloignant.

— Il y a une erreur ! s'écrie Dolly. Ne croyez pas que c'est moi, je vous en prie ! Ne le croyez pas !

— Moi, je ne les crois pas, déclare Mary Lou, les larmes aux yeux.

Elle glisse son bras sous celui de Dolly.

— Je suis sûre que ce n'est pas toi. Je suis ton amie.

— Moi aussi, ajoute Edith. C'est impossible que ce soit toi ! Absolument impossible !

Ces protestations d'amitié réconfortent la fillette. Une grande envie de pleurer lui serre la gorge. Edith l'entraîne hors du vestiaire. Catherine jette un regard autour d'elle. Elle est consternée.

— Je ne peux pas croire cela de Dolly, moi non plus. Mais je suppose que, jusqu'à ce que nous ayons prouvé le contraire, nous devons la considérer comme coupable. C'est dommage ! Toutes, nous l'aimions bien !

— Moi, je ne l'ai jamais aimée, intervient Brigitte. J'ai toujours pensé qu'elle était capable de tout. Quand elle s'emporte…

— Tais-toi ! l'interrompt Jane.

Brigitte se tait, se félicitant tout bas de son habileté.

Edith et Mary Lou prennent résolument la défense de Dolly. Elles ne la quittent pas pendant les récréations. Mary Lou supporte sans broncher les sarcasmes de Brigitte. Mais, bien que personne n'ait suggéré de punition, Dolly est inquiète.

Être sûre de l'innocence de Dolly ne suffit pas à Mary Lou. Cette innocence, il faut encore la démontrer. Et, pour cela, découvrir la coupable. Ce doit être une fille qui en veut à la fois à Mary Lou et à Dolly. Qui donc répond à cette double condition, sinon Brigitte ? Mary

Lou arrive à la conclusion que c'est cette dernière qui a barbouillé les semelles de Dolly.

Si Brigitte a piétiné le stylo, ce sont ses souliers qui doivent être tachés. Pourtant elle les a montrés et ils ne portent pas de trace d'encre.

Une nuit, Mary Lou, couchée dans son lit, tourne et retourne ce problème dans sa tête. Brigitte était-elle dans la salle de récréation quand on a décidé d'examiner les chaussures ? Non, sûrement pas.

Mais si elle a écouté à la porte, elle a eu le temps de courir au vestiaire, de salir les souliers de Dolly, d'enlever les siens et de les cacher avant de retourner à la salle de récréation.

Tremblante de la tête aux pieds, Mary Lou s'assoit sur son lit, en proie à une vive émotion. Elle est sûre d'avoir résolu l'énigme. Où Brigitte a-t-elle caché les pièces à conviction ? Dans le vestiaire sans doute.

Il est très tard et il fait très noir. Tout le monde dort depuis longtemps. Mary Lou se demande si elle aura le courage de descendre au vestiaire pour chercher à vérifier sa supposition.

Elle craint tant l'obscurité ! Cependant, elle a eu peur aussi de l'eau, jusqu'au moment où elle s'est jetée dans la piscine pour empêcher

Dolly de se noyer. Vaincra-t-elle sa terreur de la nuit puisqu'il s'agit encore d'aider son amie ? Elle l'espère.

Mary Lou quitte son lit. Sans penser à enfiler une robe de chambre et des pantoufles, elle sort du dortoir sur la pointe des pieds. Par bonheur, une veilleuse est restée allumée dans le corridor.

Elle descend l'escalier et se dirige vers le vestiaire. Là, il fait noir comme dans un four. Mary Lou frissonne. Elle a peur. Dans un moment, elle criera, elle le sait.

« C'est pour Dolly ! C'est très important ! Il faut montrer qu'elle n'est pas coupable ! se dit-elle aussi fermement qu'elle le peut. Je ne crierai pas. Où est donc l'interrupteur ? »

Elle le trouve à force de tâtonner. La lumière jaillit et Mary Lou pousse un soupir de soulagement, fière d'avoir retenu les cris qui montaient à sa bouche.

Le coffre de Brigitte est dans un coin. Mary Lou se hâte de l'ouvrir pour inspecter son contenu. Elle n'y découvre rien de suspect. Où sont les souliers tachés d'encre ?

MS

Chapitre 22

La fin du trimestre

Mary Lou aperçoit le petit placard. Elle sait ce qu'il contient. De vieilles balles de tennis, des raquettes hors d'usage, des sandales de gymnastique, toutes sortes de choses de ce genre. C'est une cachette idéale ! Elle l'ouvre avec précaution, terrifiée à l'idée qu'une araignée puisse en sortir.

Malgré ses craintes, elle fouille à l'intérieur. Au moment où elle en retire une raquette trouée, un objet dégringole par terre avec un bruit sourd.

Mary Lou reste figée sur place, retenant son souffle. Qui sait si quelqu'un ne va pas surgir pour lui demander des explications !

Mais la porte ne s'ouvre pas. Elle reprend ses recherches. Sa persévérance est récompensée. Elle trouve une paire de ballerines et constate qu'un flacon d'encre violette manque sur une étagère. Les derniers doutes se dissipent. Les chaussures à la semelle tachée appartiennent à Brigitte et l'encre lui a servi à diriger les soupçons vers Dolly.

Les mains tremblantes, Mary Lou tourne les chaussures dans tous les sens. Oui, à l'intérieur le nom est écrit en toutes lettres : Brigitte Mary Lacey.

« C'est donc Brigitte ! Je savais bien que Dolly n'avait pas piétiné mon stylo ! pense Mary Lou dans un élan de joie. Je vais réveiller les autres, je vais les prévenir tout de suite. Non, Catherine serait peut-être fâchée si elle savait que je suis descendue en pleine nuit ! »

Elle prend la bouteille d'encre et les ballerines, éteint la lumière et se trouve de nouveau dans l'obscurité. Peu lui importe maintenant. Elle monte l'escalier sans frayeur. Un hymne d'allégresse chante dans son cœur : Dolly n'est pas coupable !

Le lendemain matin, Mary Lou est debout avant la cloche du lever. Elle s'approche du lit de Catherine et secoue la monitrice.

— Réveille-toi, j'ai quelque chose à te dire !

Sa voix joyeuse réveille les autres qui s'assoient sur leur lit en se frottant les yeux. Au milieu du dortoir, Mary Lou agite les chaussures de Brigitte.

— Regardez ! J'ai trouvé les chaussures tachées ! Et j'ai découvert à côté un flacon d'encre violette ! Vous voyez, celle qui a cassé mon stylo a caché ses souliers et a barbouillé ceux de Dolly pour la faire accuser.

— À qui sont ces ballerines ? demande Catherine. Et où les as-tu découvertes ?

— La nuit dernière, je suis descendue dans l'obscurité et j'ai cherché dans le vestiaire, raconte Mary Lou d'un ton triomphant.

Des yeux stupéfaits se fixent sur elle. Mary Lou descendant sans lumière ! Elle qui a si peur du noir, tout le monde le sait.

— J'ai trouvé les ballerines et le flacon dans le placard. Voulez-vous que je vous lise le nom écrit à l'intérieur ? Non, je ne le ferai pas. Ce n'est pas la peine. Jetez un regard autour de vous. Vous devinerez tout de suite.

C'est vrai. Brigitte, rouge de honte, baisse la tête. Elle se repent, non de sa vilaine action, mais de n'avoir pas jeté à la mer les souliers et le flacon d'encre.

— C'est donc toi, Brigitte ? s'écrie Jane, à la fois indignée et soulagée.

Cette fois, Brigitte n'essaie pas de se disculper. Elle s'allonge sur son lit et cache son visage dans l'oreiller. Catherine examine les chaussures et le flacon. Puis elle s'approche de Dolly et lui tend la main.

— Dolly, excuse-moi de t'avoir soupçonnée. En réalité, je ne croyais pas que c'était toi, mais tout t'accusait. Je te demande pardon.

— Que je suis contente ! s'écrie Dolly, radieuse. J'ai été très malheureuse. Mais heureusement, j'avais Mary Lou et Edith pour me défendre. Je leur suis très reconnaissante !

Une à une, les élèves demandent pardon à Dolly. Géraldine, embarrassée, regrette les paroles dures qu'elle a prononcées et se promet d'être plus charitable à l'avenir.

— J'aimerais de nouveau être ton amie, déclare-t-elle gauchement. Tu viendras te promener avec Betty et moi, n'est-ce pas ?

— Non, répond Dolly. Je préfère la compagnie d'Edith et de Mary Lou. Je n'ai pas toujours été gentille pour elles, pourtant elles ont cru en moi. Ce sont maintenant mes vraies amies !

— Merci, Dolly ! s'écrie Mary Lou.

Edith ne dit rien, mais elle saisit le coude de Dolly qui se retourne et sourit. Elle est très heureuse. Le trimestre s'achève en beauté !

Brigitte, allongée sur son lit, verse des larmes amères. Dans sa joie, Dolly ne peut pas supporter ce spectacle. Elle s'approche d'elle et la secoue.

— Brigitte, nous ne dirons rien à personne, je m'y engage. Tu ne seras pas punie, mais il faut que tu achètes à Mary Lou un beau stylo en échange de celui que tu as cassé. Tu comprends ?

— Oui, répond Brigitte d'une voix étouffée. Je lui en achèterai un.

C'est tout ce qu'on peut obtenir de Brigitte. Elle ne prononce pas un mot de regret. Pas même quand elle donne à Mary Lou un très beau stylo qu'elle a acheté avec son argent.

— Elle ne changera pas, n'est-ce pas ? demande un jour Dolly à Catherine.

La jeune monitrice sourit.

— Tout dépend du temps qu'elle passera à Malory, répond-elle. Le bon exemple est contagieux et nous avons ici des filles très gentilles.

— Brigitte ne les imitera pas ! proteste Dolly. J'aimerais bien qu'elle ne revienne pas au prochain trimestre.

C'est aussi le vœu de Brigitte. Les deux dernières semaines du trimestre sont pénibles pour elle. Personne ne fait allusion à l'histoire du stylo, mais ses camarades ne l'ont pas oubliée et lui parlent le moins possible. C'est sûrement elle qui a mis l'araignée dans le pupitre de Mary Lou et lui a joué toutes sortes d'autres mauvais tours.

Dolly, au contraire, est gaie comme un pinson. Elle qui cherchait une amie en a trouvé deux : Edith et Mary Lou, qui partagent ses jeux et ses promenades. Que demander de mieux?

Les examens de fin d'année ont lieu. Dolly a d'excellentes notes. Edith, qui a manqué les cours pendant les trois semaines passées à l'infirmerie, réussit moins brillamment.

Brigitte, à la surprise générale, n'est plus la plus mauvaise élève.

— Vous voyez, Brigitte, que lorsque vous faites un effort, il est récompensé, fait remarquer Miss Potts. Si vous aviez travaillé tout le trimestre comme pendant ces dernières semaines, vous seriez presque en tête. Cela vous servira de leçon pour l'année prochaine, j'espère !

Brigitte n'avoue pas les raisons de sa brusque application. Elle espère que Miss Potts se montrera indulgente dans ses appréciations. Quel horrible collège ! Son souhait le plus cher est de ne pas revenir à Malory.

Pour Dolly, le trimestre a été une longue fête. Elle a certes vécu des heures pénibles au début de la maladie d'Edith et lorsqu'on l'a accusée d'avoir piétiné le stylo de Mary Lou, mais déjà ces mauvais souvenirs s'estompent dans le passé. Les vacances sont si proches et promettent tant de plaisirs ! Edith passera quelques jours chez les Rivers et Mme Hope à son tour a invité Dolly.

— Tu feras la connaissance de ma petite sœur, s'exclame Dolly. Elle est très mignonne !

— La mienne aussi, réplique Edith. Je vais bien m'occuper d'elle. Mes parents ont à présent un grand appartement très agréable.

Mary Lou habite trop loin d'Edith et de Dolly pour les voir pendant les vacances, mais elle les retrouvera au trimestre prochain. Elles ont des années à passer ensemble à Malory. Grâce à ses deux amies, elle a réussi à vaincre sa timidité et ses craintes. Elle n'a plus peur de l'obscurité, de l'eau, des araignées. Quelle surprise pour sa mère !

Le dernier jour arrive finalement. Les élèves font leurs valises, échangent des adieux. Les quatre tours résonnent de cris et de rires.

— Elles vont toutes perdre la tête ! gémit Mam'zelle qui essaie de se frayer un chemin au milieu des groupes surexcités. Dolly ! Jane ! Tessie ! Laissez-moi donc passer ! Oh ! Ces petites Anglaises ! Elles sont folles !

Miss Potts, toujours calme, veille à tout, aidée par Mme Walter qui sourit.

Les cars, qui doivent conduire les élèves à la gare, attendent devant la grille.

— Viens vite, Dolly ! crie Edith. Assieds-toi près de moi ! Où est Mary Lou ?

— Son père vient la chercher en voiture, répond Dolly. Hé ! Là-bas, Mary Lou ! Au revoir ! Écris-moi ! Au revoir !

— Dépêchez-vous ! ordonne Miss Potts. Où est Géraldine ? Elle était là il y a une minute ! Géraldine, voulez-vous que le car parte sans vous ? Au revoir, mes enfants ! Amusez-vous bien pour bien travailler au trimestre prochain !

— Au revoir, Potty ! Au revoir ! crient quelques élèves. Au revoir !

— Comment osent-elles ? demande Dolly, horrifiée.

— C'est la tradition au moment du départ, explique Géraldine. Elle ne se fâche pas. Regarde-la rire !

— Au revoir, Potty ! lance Dolly à son tour. Au revoir, Malory ! À bientôt !

Fin

Retrouve Dolly et ses amies dans le prochain tome de

Malory School

La tempête

Pour leur deuxième année à Malory School, Dolly et ses camarades accueillent de nouvelles élèves, en particulier Dany et Muriel. Une fois encore, elles apprendront qu'il ne faut pas toujours se fier aux apparences...

Tourne vite la page pour découvrir les autres séries classiques de La Bibliothèque Rose !

Fantômette

Les exploits de Fantômette

Fantômette et
le trésor du pharaon

Fantômette
et l'île de la sorcière

Fantômette et son prince

Les sept Fantômettes

Fantômette
et la maison hantée

Fantômette contre le géant

Hors-série
Les secrets de Fantômette

Connecte-toi vite sur le site de tes héros préférés :
www.bibliotheque-rose.com

- ***Tout sur ta série préférée***
- ***De super concours tous les mois***

Le Club des Cinq

1. Le Club des Cinq
et le trésor de l'île

2. Le Club des Cinq
et le passage secret

3. Le Club des Cinq
contre-attaque

4. Le Club des Cinq
en vacances

5. Le Club des Cinq
en péril

6. Le Club des Cinq
et le cirque de l'Étoile

7. Le Club des Cinq
en randonnée

8. Le Club des Cinq
pris au piège

9. Le Club des Cinq
aux sports d'hiver

10. Le Club des Cinq
va camper

11. Le Club des Cinq
au bord de la mer

12. Le Club des Cinq
et le château de Mauclerc

13. *Le Club des Cinq joue et gagne*

14. *La locomotive du Club des Cinq*

15. *Enlèvement au Club des Cinq*

16. *Le Club des Cinq et la maison hantée*

17. *Le Club des Cinq et les papillons*

18. *Le Club des Cinq et le coffre aux merveilles*

19. *La boussole du Club des Cinq*

20. *Le Club des Cinq et le secret du vieux puits*

21. *Le Club des Cinq en embuscade*

22. *Les Cinq sont les plus forts*

23. *Les Cinq au cap des Tempêtes*

24. *Les Cinq mènent l'enquête*

25. *Les Cinq à la télévision*

26. *Les Cinq et les pirates du ciel*

27. *Les Cinq contre le Masque Noir*

L'Étalon Noir

L'Étalon Noir

Le retour de l'Étalon Noir

Le ranch de l'Étalon Noir

Le fils de l'Étalon Noir

L'empreinte de l'Étalon Noir

La révolte de l'Étalon Noir

Sur les traces de l'Étalon Noir

Le prestige de l'Étalon Noir

Le Clan des Sept

Le Clan des Sept va au cirque

Le Clan des Sept à la Grange-aux-Loups

Le Clan des Sept et les bonshommes de neige

Le Clan des Sept et le mystère de la caverne

Le Clan des Sept à la rescousse

Les Six Compagnons

1. Les Six Compagnons de la Croix-Rousse

Pauvre Tidou ! Non seulement il doit déménager à Lyon, mais en plus son père lui interdit d'emmener Kafi, son chien adoré. Heureusement, dès la rentrée, il fait la connaissance des Compagnons de la Croix-Rousse, et la bande décide de l'aider ! Seulement ce n'est pas si simple, de faire venir un chien-loup en secret. Pas sans risques, non plus...

2. Les Six Compagnons et l'homme des neiges

Cet hiver, les Compagnons partent en classe de neige ! Vive les randonnées et les descentes à ski ! Mais à peine arrivés à Morzine, Tidou et ses amis font une découverte inquiétante : une fillette recroquevillée dans la neige, au pied d'un sapin. Son petit corps est immobile et glacé... Que lui est-il arrivé ? Pour les Compagnons, un seul moyen de le savoir : il faut mener l'enquête !

3. Les Six Compagnons et le mystère du parc

Les Six Compagnons passent l'été à Valence. Au cours d'une promenade dans un parc, ils font la connaissance d'un sympathique clochard. Mais dès le lendemain, une terrible rumeur envahit la ville : un enfant aurait été enlevé, en pleine nuit... et pour la police, il n'y a aucun doute : le nouvel ami des Six Compagnons est le suspect numéro un !

Un accident de voiture, un homme évanoui, et, quelques mètres plus loin, une montre cassée... pourtant le conducteur porte toujours la sienne. Bizarre ! Y avait-il une autre personne à bord ? Les Six Compagnons disposent d'un seul indice : la montre est de marque anglaise. Et si la solution se trouvait à Londres ? La bande n'hésite pas et saute dans le premier avion pour l'Angleterre !

4. Les Six Compagnons à Scotland Yard

5. Les Six Compagnons au village englouti

Quand ils arrivent à Maubrac, où ils ont loué une maison, les Compagnons ont une mauvaise surprise : le lac a été asséché ! Mais, au fond du bassin, ils découvrent les ruines d'un ancien village... Que cachent ces pierres, englouties depuis tant d'années ? Et que cherchent les rôdeurs qui s'y aventurent la nuit ? Pour le savoir, il n'y a qu'une solution : mener l'enquête !

Les Six Compagnons trouvent une bouteille sur la plage normande. À l'intérieur, un inquiétant appel au secours : « S.O.S Saint-Marcouf ». Quelqu'un est en danger, sur une île au large ! Pour les Compagnons, pas d'hésitation : contre vents et marées, ils embarquent pour une nouvelle enquête !

6. Les Six Compagnons et la bouteille à la mer

La Comtesse de Ségur

Les Malheurs de Sophie

Les Petites Filles Modèles

Les Vacances

Le Général Dourakine

Après la pluie le beau temps

Mémoires d'un âne

Quel Amour d'Enfant !

François le bossu

Un bon Petit Diable

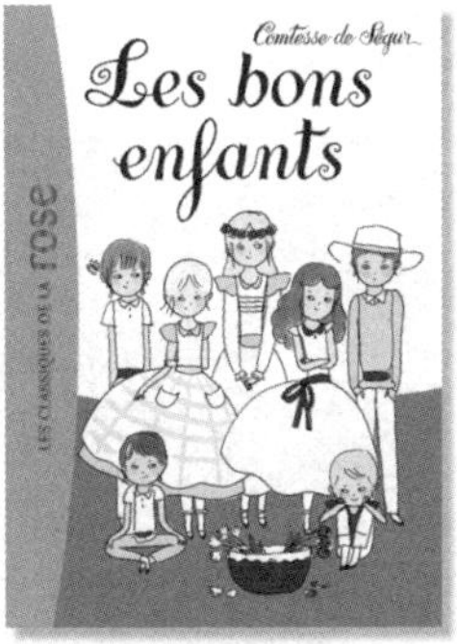

Les bons enfants

Les Deux Nigauds

Jean qui grogne
et Jean qui rit

Nouveaux Contes de Fées

Le mauvais génie

L'auberge de l'Ange-Gardien

Alice

Alice et le chandelier

Alice et les faux-monnayeurs

Alice et les diamants

Alice et le diadème

Alice au ranch

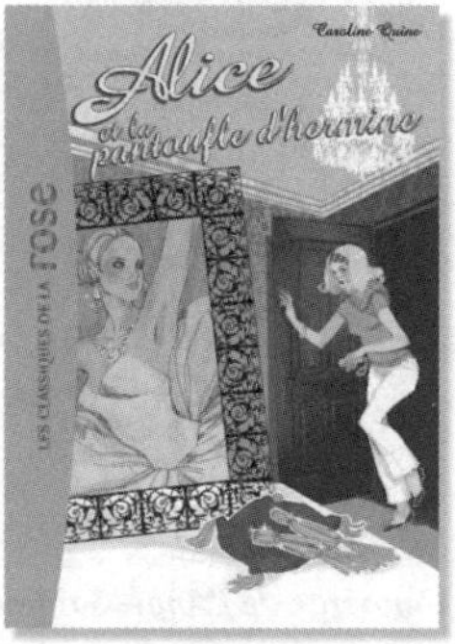

Alice et la pantoufle d'hermine

Alice au bal masqué

Alice et le violon tzigane

Alice et le carnet vert

Alice et le médaillon d'or

Alice chercheuse d'or

Alice écuyère

Alice à Venise

Alice et le cheval volé

Alice au manoir hanté

Alice chez le grand couturier

Table

« Pour l'éditeur, le principe est d'utiliser des papiers composés de fibres naturelles, renouvelables, recyclables et fabriquées à partir de bois issus de forêts qui adoptent un système d'aménagement durable.
En outre, l'éditeur attend de ses fournisseurs de papier qu'ils s'inscrivent dans une démarche de certification environnementale reconnue. »

Imprimé en Roumanie par G. Canale & C. S.A.
Dépôt légal : septembre 2012
Achevé d'imprimer : septembre 2012
20.3085.6/01 – ISBN 978-2-01-203085-5
Loi n° 49-956 du 16 juillet 1949
sur les publications destinées à la jeunesse